교실에 바로 적용하는
수업의 기술

일러두기

이 책은《교실 속 변화를 꿈꾸는 기적의 수업 멘토링》의 전면 개정판입니다.

교실에 바로 적용하는 수업의 기술

김성효 지음

빅피시
BIG FISH

교사와 학생 사이, 수업을 생각하다

지금도 가끔 같은 꿈을 꾼다. 아이들이 수업 시간에 떠들고 말을 안 들어서 진땀 빼는 꿈이다. 30년 가까운 교직 경력에도 아직도 나에겐 수업 시간에 아이들이 집중하지 않고 떠드는 것이 두려운 모양이다. 꿈에서 깨어나면 심장이 두근거린다. 이불을 걷어차며 일어나 물 한 컵을 마신다. 그러고는 '아, 꿈이었구나' 하고 안도한다. 그리고 동시에 생각한다. 이것이 바로 내가 교사로 치열하게 살아왔다는 증거라고. 수업에 대한 두려움과 긴장은 교사라면 누구나 가지고 있는 것이고, 그것은 아이들을 진심으로 생각하기 때문에 생기는 자연스러운 감정이기 때문이다.

교사로서 살아온 지난날을 돌아보면 참으로 우여곡절이 많았다. 첫 발령 받고 첫 수업에 들어섰던 날, 떨리는 마음으로 준비한 수업 자료를 펼쳤는데 아이들은 예상과 전혀 다르게 반응했다. 어떤 아이는 돌아다니고, 어떤 아이는 떠들고, 어떤 아이는 멍하니 창밖만 바라보았다. 그날 수업이 끝나고 책상에 앉아 한참을 곱씹어 보았던 기억이 난다. 밤새 준비한 수업이 왜 이렇게 되었을까, 내가 뭘 잘못했을까, 나는 교사로서 자격이 없는 것은 아닐까. 그런 생각들이 머릿속을 맴돌았다.

원하는 만큼 수업이 되지 않아 속상했던 적이 한두 번이 아니었고, 때론 아이들과의 마찰로 밤새 잠을 이루지 못한 날도 있었다. 교실에서 일어난 일들이 퇴근 후에도, 주말에도, 방학 중에도 머릿속을 떠나지 않았다. '아이에게 좀 더 다르게 말할걸' '그 상황에서 다른 방법을 써볼걸' 그런 후회들이 끊임없이 밀려왔다.

그러나 돌아보건대 분명한 것은 내가 만난 아이들이 나를 통해 자랐던 것처럼 교사인 나도 꾸준히 성장하고 있었다는 것이다. 수업에 집중하지 않던 그 아이가 어느 날 문득 눈을 반짝이며 질문하던 순간, 말썽만 부리던 그 아이가 친구를 도와주는 모습을 보던 순간, 나는 조금씩 배워갔다. 기다림의 의미를, 믿음의 힘을. 무엇보다 완벽한 수업이란 없다는 것을, 중요한 것은 아이들과 함께 성장해가는 과정 그 자체라는 것을 깨달았다.

작은 변화가 모여서 큰 성장이 된다

아이들을 가르친다는 것은 참으로 개별적인 일이다. 우리가 만나는 아이들은 저마다 좋아하는 과목이 다르고, 생각하는 것, 이루고 싶은 꿈 그리고 자라온 환경이 다르다. 수학 시간만 되면 눈이 반짝이는 아이가 있는가 하면, 국어 시간에 책을 읽을 때만큼은 세상 그 무엇과도 바꾸지 않겠다는 표정을 짓는 아이도 있다. 친구들과 어울리는 것이 가장 행복한 아이가 있고, 혼자 조용히 그림 그리는 시간을 더 좋아하는 아이도 있다.

같은 수업을 듣고도 어떤 아이는 바로 이해하고, 어떤 아이는 여러 번 설명을 들어야 하고, 어떤 아이는 한참의 시간이 지나서야 비로소 깨닫는다. 이것은 누구의 잘못도 아니다. 그저 아이들은 저마다 다른 속도로, 다른 방식으로 자라고 있을 뿐이다. 교사는 이 다양함을 인정하고, 각각의 아이에게 맞는 방법을 찾아가야 한다.

아이들은 언제나 관심을 갖고 끝없이 들여다봐야 하고, 저마다 좋아하는 것과 싫어하는 것을 이해하고 살펴야 하며, 제각기 성장하는 시기까지 기다려줄 수 있어야 한다. 어떤 아이는 3월부터 반짝이지만, 어떤 아이는 11월이 되어서야 비로소 자기 빛깔을 드러낸다. 심지어 어떤 아이는 그 학년이 끝날 때까지도 자기 모습을 온전히 보여주지 않는다. 그러나 그것도 괜찮다. 언젠가는 그 아이도 자기만의 속도로 피어날 것이라는 걸 이제는 알기 때문이다.

물론 가끔은 정말로 교사의 진을 빼는 아이들도 있다. 한 학기 내내 매일 같이 친구와 싸우는 아이, 숙제를 한 번도 해오지 않는 아이, 수업 시간마다 자리를 벗어나 교실을 돌아다니는 아이. 그런 아이들을 만나면 퇴근길 차 안에서 한숨이 절로 나온다. '내가 이 아이를 변화시킬 수 있을까' 하는 의문이 들 때도 있다. 때론 포기하고 싶은 마음이 들기도 한다. 이 아이는 내 힘으로는 어쩔 수 없는 것 같다는 생각을 할 때도 있었다.

하지만 아이들은 결국 교사가 믿고 기다려준 만큼의 성장을 보여준다. 매일 싸우던 그 아이가 어느 날 친구에게 먼저 미안하다고 말하던 순간, 숙제를 안 하던 그 아이가 구겨진 종이에라도 뭔가를 적어 내밀던 순간, 돌아다니던 그 아이가 자리에 앉아 10분이라도 집중하던 순간. 그 순간들이 나를 다시 교실로 향하게 한다.

그 작은 변화들이 모여서 큰 성장이 된다. 한 번의 칭찬이, 한 번의 대화가, 한 번의 기다림이 쌓여서 아이를 변화시킨다. 교사가 할 수 있는 일은 바로 그것이다. 매일 조금씩, 꾸준히, 포기하지 않고 아이를 믿어주는 것. 아이들이 수업을 통해 자라듯이 교사 또한 그렇다. 교사의 성장과 배움, 그리고 도전은 함께 수업하는 아이들과 교사 자신 모두를 위한 것이다.

노력하고 있다면 그것으로 충분하다

매일 파도처럼 닥쳐오는 수업에 빠져 허우적대지 않고 당당하게 헤쳐나가는 방법은 무엇일까? 어떻게 해야 수업을 즐길 수 있을까? 이 책에서는 이러한 질문들을 다양한 측면에서 살펴보려고 했다.

수업은 기술이기도 하지만 동시에 관계의 문제이기도 하다. 아무리 좋은 수업 기법을 가지고 있어도 아이들과의 관계가 형성되지 않으면 수업은 제대로 이루어지지 않는다. 반대로 아이들과 좋은 관계를 맺고 있다면 다소 서툰 수업이라도 아이들은 참여하고 배운다. 이 책에서는 이런 여러 측면을 균형 있게 다루려고 노력했다.

책을 처음 고민했을 때부터 지금까지 수업은 여전히 어렵고 두려운 부분이 있다. 매년 새로운 아이들을 만나고, 매번 새로운 상황에 직면하고, 끊임없이 고민하고 배워야 한다. 그래도 나는 이런 고민을 통해 한 뼘 더 성장한 것 같다. 이 책을 읽는 독자들도 그러길 바란다.

혼자 고민하고 혼자 해결하려고 하지 말고, 이 책을 통해 동료 교사들과 나누고, 함께 성장하길 바란다. 완벽한 교사는 없다. 다만 매일 조금씩 나아지려고 노력하는 교사가 있을 뿐이다. 이런 노력 자체가 이미 훌륭한 교사의 모습이고 말이다.

무엇보다 교사들이 매일의 수업에서 지치지 않고 아이들과 함께 즐겁고 행복하기를 진심으로 바란다. 선생님들이 함께 성장하고 나누는 시간만큼 우리 아이들 역시 함께 나아가기 때문이다. 교사가 행복해야 아이들도 행복하다. 교사가 수업을 즐거워해야 아이들도 수업을 즐거워한다. 이것이 교육의 가장 기본이자 핵심이다.

책이 나오기까지 정말 많은 분의 협조가 있었다. 아낌없는 조언과 격려를 해주시고, 필요한 부분은 감수해주신 고마운 분들 덕분에 책이 세상의 빛을 보게 됐다. 진심으로 감사하다. 인터뷰를 해준 후배 선생님들 모두에게도 다시 한번 애정과 감사를 보낸다. 마주 앉아 그들의 빛나는 눈동자를 들여다볼 수 있어서 얼마나 행복했는지 모른다.

그들과 나눈 대화 속에서 나는 많은 것을 배웠다. 그들의 고민이 곧 나의 고민이었고, 그들의 질문이 나를 깊이 성찰하게 만들었다. 몇 번을 다시 떠올려도 기분 좋은 시간이다. 그들의 필요에 의해서 시작된 책이고, 동시에 그들의 도움으로 쓰인 책이다. 이 땅의 심장이 뜨거운 선생님들에게 이 책을 바친다.

끝으로 한없이 부족하지만 책을 세상에 내놓기까지 필요했던 많은 용기와 글쓰기에 대한 소망을 주신 하나님께 모든 영광과 감사를 돌린다.

새벽을 깨우는 소리를 들으며, 김성효

차례

PART 3 ｜ 교사가 수업에서 돌파해야 할 2가지 과제

PART 4 | 베테랑 교사의 수업 장악 노하우 6가지

수업의 기본기를 다지는
6가지 원칙

자유롭게 생각을 나누는
교실을 만들어라

인간에게는 다른 사람의 감정을 살피고 행동을 흉내 낼 수 있는 미러 뉴런*Mirror Neuron*이 있다고 한다. 일반적으로 태어나서 18개월이 넘어가면 상대의 감정을 읽을 수 있다고 하니, 인간의 사회화 중 첫걸음은 바로 다른 사람의 감정을 읽고 마음을 함께하는 것이라고 하겠다.

공감하는 능력은 사회에서 살아가기 위해 인간이라면 누구나 갖추어야 할 필수 요소다. 서로 다른 수많은 사람이 어울려 살아갈 수 있는 것도 다른 사람의 감정을 공유하기 때문이다. 서로에게 공감하고 함께 생각하는 시간을 갖는 것이야말로 수업의 시작이자 완성이라고 할 수 있다.

교사와 학생은 서로를 깊이 이해해야 하고, 배움이 무엇인지 함께 고민해야 한다. 진지하게 학습에 참여하는 태도, 교사와 친구의 말에 귀 기울이고 나와 다른 생각을 존중하는 자세야말로 수업에서 아이들이 배워야 할 공감이다. 그러기 위해 교사와 학생 사이의 관계가 원활해야 하고 서로를 믿고 이야기할 수 있는 분위기가 필요하다. 선생님이 어떤 이야기든 들어준다고 믿을 때 아이들은 자연스럽게 자신의 생각을 확장시켜나가고 창의성을 발휘한다. 하지만 그렇지 않으면 수업 시간에 침묵하기 쉽다. 아이들이 '말해봐야 선생님은 들어주지 않아'라고 생각하기 시작하면 수업에 침묵만 흐를 뿐이다.

이런 까닭에 공감만큼 중요한 것이 교사와 학생 사이, 학생과 학생 사이의 신뢰다. 아이들끼리 서로를 믿고 함께하려는 마음을 갖는가, 그렇지 않은가 하는 것은 수업에 있어서 학생들의 수업 참여를 결정짓는 요인이 되기도 한다. 아이들의 의견을 이해하고 주의 깊게 받아들이려는 태도는 좋은 수업을 위해 교사에게 무엇보다 먼저 필요하다.

"그렇게 생각할 수도 있구나."

"나는 네 생각에 동의해. 왜냐하면…."

"네가 말한 의견이 어떤 부분은 옳다는 것을 알아. 그런데 이 부분은 한 번 더 생각해보면 좋겠어."

교사가 이런 식으로 자주 이야기하면 학생들은 수업에서 마음 놓고 이야기할 수 있게 된다. 교사의 '그렇게 생각할 수도 있구나'라는 말 한마디, 친구들의 '나는 네 생각에 동의해'라는 한마디면 아이들은 수업에서 기죽지 않는다.

교사는 아이들이 저마다 자신감과 긍지를 가질 수 있도록 평소에 다양한 재능을 칭찬해야 한다. 교사의 이런 생각과 태도가 수업의 분위기를 따뜻하게 이끌어간다. 수업에서 누구나 존중받는다고 느낄 때 학생들은 타인의 의견에 귀를 기울인다. 자칫 공부를 잘하는 학생이 모든 것을 잘하는 것처럼 오해하기 쉬운 우리의 교육 현실에서 놓치지 말아야 할 부분이다.

공감과 신뢰를 쌓기 위해서는 학생들 가까이에서 귀 기울여 듣고 웃으며 반응해야 한다. 교사가 한 번 웃으면 학생 서른여 명이 함께 웃는다.

침묵할 때와 말해야
할 때를 지도하라

그동안 운 좋게도 외국에서 수업을 참관할 기회가 많았다. 한국에서 수업을 하고, 보는 것 못지 않게 다른 나라의 수업이 궁금했다. 다른 나라에선 교사들이 어떤 식으로 학생들을 가르칠까, 무엇을 중요하게 생각할까, 늘 궁금했다. 뜻이 있으면 길이 있다고, 운 좋게도 외국 학교의 수업을 볼 기회도, 교사들과 이야기 나눌 일도 많았다.

해외에서 수업을 참관하면서 가장 크게 느꼈던 부분이 바로 수업 시간이 뜻밖에 조용하다는 것이었다. 우리에겐 초등학교 하면 가장 먼저 시끌벅적한 교실이 연상된다. 하지만 외국에선 그렇지 않았다. 내가 본 학교만 해도 독일, 스웨덴, 핀란드, 영국, 프랑스, 이탈리아, 중국, 케냐, 네덜란드까지 참으로 다양했지만, 모두 한결같이 조용했다. 그 수업 과정을 간단히 설명하면 이렇다.

- 교사가 말하면, 학생은 듣는다.
- 학생이 말하면, 나머지 학생들은 듣는다.
- 의견을 말할 기회가 올 때까지 순서를 기다린다.
- 친구의 말을 자르거나 중간에 가로채지 않는다.
- 발언할 차례가 오기를 기다린다.

사실 너무나 기본적이고 당연한 태도라서 오히려 잊기 쉬운 부분이기도 하다. 세계 어느 교실에서나 가장 자주 쓰이는 교수 방법은 단연 설명식이다. 거의 모든 학급에서 일대 다수의 수업이 진행되기 때문에 교사가 설명하면 학생들은 설명을 듣고 이해하는 과정이 어떤 식으로든 있기 마련이다. 이 당연하고 단순한 설명식 교수법에서 가장 중요한 것은 물론 잘 듣는 것이다. 교사의 설명을 잘 들어야, 해야 할 활동이 무엇인지도 이해할 수 있고, 배워야 할 내용이 무엇인지도 이해할 수 있다.

그렇다면 우리나라 학생들은 잘 듣고 있을까

아마 대다수 교사는 내가 어떤 이야기를 하려는지 충분히 이해하고 공감할 것이다. 잘 듣지 않으면 교사의 지시나 안내를 따르기 어렵고, 잘 듣지 않으면 핵심을 파악하고 중요 내용을 이해하는 데 어려움을 겪을 수밖에 없음에도 우리나라 학생들은 듣기에 대해 소홀하다.

전에 프랑스에서 음악 수업을 본 적이 있었다. 학생들마다 시창, 합창, 합주 등 원하는 영역을 선택하여 수업했는데, 어떤 교실에서도 잡담하거나 떠드는 학생이 보이지 않았다. 실로 놀라웠다. 솔직히 처음 봤을 때 소름이 끼쳤고, 반복해서 다른 나라 학생들의 수업 태도를 보면서는 '아아, 그렇구나' 하고 몇 번이고 고개를 끄덕이면서 깊이 반성했다. 우리 학생들은 교사가 지시를 내리기도 전에, 수업에 대해 안내하기도 전에 이미 악기를 두드리고, 발을 구르고, 노래를 부른다. 심지어 교사도 음악 시간에는 다소의 소란을 감수해야 한다고 생각한다.

하지만 프랑스에서 본 음악 수업은 그렇지 않았다. 지역 출신 예술가들이 교사로 활동하고 있었는데, 교사의 지시에 따르지 않고 먼저 노래를 부르거나 악기를 두드리는 아이는 1명도 없었다. 말을 하더라도 친구의 귀에 대고 속삭이듯 말하기 때문에 그 어떤 아이의 목소리도 바로 뒤에 서 있는 내 귀에는 들리지 않았다.

수업이 시작되자 교실 안은 더욱 조용해졌으며, 교사의 시범을 따라 하면서 아이들은 합창 수업에 몰입했다. 아이들은 함께 노래를 부르다가도 교사의 손짓 하나에 입을 다물고 교사를 응시했다. 큰 소리를 내는 것도 아니고, 야단을 치는 것도 아닌데 어떻게 그렇게 쉽게 집중한단 말인가. 우리 아이들도 그렇게 조용히 수업에 집중할 수는 없는 것인가. 학생들이 조용하면서도 자유롭고, 교실이 교사의 영향 아래 있을 수 있다는 게 적잖은 충격이었다.

상대방의 말을 중간에 끊어서는 안 된다

좋은 수업을 위해 학생에게 가르쳐야 하는 기본 규칙은 수없이 많지만, 그중에서도 가장 중요한 것이 '듣기'다. 이는 나의 의견을 말하기 이전에 듣는 것을 먼저 배워야 한다는 뜻이다. 그래서 국어 교육에서도 듣기를 가장 먼저 다룬다. 듣는 능력이 제대로, 충분히 발달해야 말하기가 가능하고, 말하기가 되어야만 읽기가 되며, 읽기와 말하기, 듣기가 모두 제대로 발달한 학생들만 글을 쓰는 능력을 갖기 때문이다.

학생들에게 상대방의 의견을 조용히 듣고 그다음 차례를 기다려 말하도록 가르쳐야 한다. 수업 시간에도 다른 이의 의견을 중간에 가로막고 내 의견을 말하는 일이 없도록 해야 한다. 어떤 의견이든 주의 깊게 끝까지 듣는 것을 몇 번이고 반복해서 지도해야 한다. 이 부분을 지도하지 않으면 아이들은 친구는 물론이고 교사가 말하는 중에도 자신이 하고 싶은 말을 불쑥불쑥 내뱉는다.

수업은 교사와 학생이 함께 만들어가는 것이다. 수업에서 학생을 배려하고 이해하는 것이 교사에게 중요한 일이듯이 교사의 지도를 따르기 위해 학생도 함께 노력해야 한다. 교사의 말을 중간에 가로채서 말한다거나 끝까지 듣지 않고 멋대로 판단하지 않도록 해야 하며, 친구의 의견을 주의 깊게 듣고 어떤 부분이 내 생각과 다른지 혹은 같은지 생각해볼 수 있도록 지도해야 한다.

"○○은 그렇게 생각했구나. 그럼 이 의견에 대해 반대하거나 찬성하는 이유까지 같이 말해보자. '왜냐하면 내 생각은 이러이러하니까'라고 설명하면 돼."

이렇게 구체적으로 짚어주는 게 좋다. 그래야 학생들이 친구의 의견을 아무 생각 없이 듣지 않게 된다.

친구나 교사와의 대화에서도 학생들은 성장한다. 교사는 어떤 의견이라도 자유롭게 제시할 수 있는 분위기를 만들고, 의견이 서로 부딪칠 때는 어떤 식으로 조율하는지 토의 방법을 가르쳐주어야 한다. 또한 아이들이 침묵해야 할 때와 이야기해야 할 때를 구분할 수 있도록 지도해야 한다.

보는 것이 곧 듣는 것이다

학생들에게 말하는 사람을 보면서 듣도록 반복해서 지도하는 게 좋다. "보는 것이 곧 듣는 것이다"라고 말해주고, 말하는 이의 눈을 쳐다보면서 듣도록 해야 한다. 또한 말할 때는 어색하게 끝을 흐리면서 이야기하지 않도록 함께 지도한다.

말하기와 듣기의 올바른 태도

	말하기	듣기
1단계	숨을 고르고 하고 싶은 말을 생각한다. 공책에 말할 내용을 단어로 짧게 적어두면 어떤 말을 할지 몰라 우물쭈물하는 일이 줄어든다.	상대가 어떤 말을 할지 기다린다. 조바심 내거나 다그치지 않는다.
2단계	말하고자 하는 상대를 바라본다.	말하는 이를 향해 몸을 돌린다.
3단계	가슴을 펴고 천천히 정확하게 말한다.	말하는 이의 눈을 본다. 교사가 말할 때는 교사를, 친구가 말할 때는 친구를 바라본다.
4단계	문장의 끝을 분명하게 말하도록 한다.	내 생각과 비교하면서 듣는다. 궁금한 것은 메모하고 친구의 발언이 끝나면 질문한다.

학생이 이야기할 때는 교사도 말하는 학생을 향해 몸을 돌리고, 말하는 학생만을 바라본다. 듣는 이가 몸을 돌려 말하는 이의 말

이 다 끝날 때까지 바라보는 것을 시범 보이는 것이다. 듣기도 명시적이고 구체적으로 가르쳐주어야 한다는 뜻이다.

이와 함께 듣기를 지도할 때는 고개를 끄덕이거나 "아아, 그렇구나" "오, 그렇게 생각할 수도 있겠네" 같은 가벼운 공감 반응을 하도록 지도하면 더 좋다. 다른 사람의 의견을 들을 때 고개를 끄덕이는 것만으로도 듣는 태도가 달라지기 때문이다. 대화할 때는 "1번 말하고, 2번 듣고, 3번 고개를 끄덕인다"라는 화술의 기본 요령에 대해서도 함께 설명한다.

이러한 적극적인 듣기가 익숙해질 때까지는 반복해서 지도한다. 경청이나 올바른 말하기도 결국 습관이다. 전체를 대상으로 하는 발표는 물론, 모둠 토의 활동에서도 마찬가지다. 말하는 사람을 보고, 고개를 끄덕이거나 맞장구치거나 좋은 의견에는 칭찬하도록 지도하면 아이들도 듣기가 서서히 몸에 밴다.

내가 잘 들어주는 만큼 남도 나의 이야기를 잘 들어준다는 것을 경험으로 배우고 나면 학급 전체에 토의할 수 있는 문화가 싹튼다. 그다음에 하는 토의는 중구난방식으로 아무 이야기나 내뱉는 게 아니라 깊이 있고, 서로에 대한 충분한 이해와 공감, 더 나은 발전적인 해법을 모색하는 식의 토의가 된다. 모든 수업은 단계가 필요하다고 생각하고 천천히 접근하는 게 좋다. 듣기도, 토의도, 모둠 활동도 다 마찬가지다.

남이 아닌 나 자신과
겨루게 하라

수업하다 보면 학생들을 어느 선까지 경쟁하게 할지 모호할 때가 많다. 수업 중에 경쟁과 협동의 의미란 어떤 것일까?

다음은 5학년 사회 수업의 한 장면이다.

수업 예시

교사: 오늘은 청동기 시대에 대해서 배운 내용을 정리하는 시간이야. 전에 선생님이 설명한 것처럼 오늘은 스피드 퀴즈를 해보자. 모둠별로 돌아가면서 할 건데, 1등 모둠에게는 선생님이 준비한 피자 한 판을 상으로 줄게. 어느 모둠부터 시작할까?

학생들: 꼴등부터 시작해요. 1등부터 시작해요. 뽑기로 해요. (의견이 제각각이다.)

수업 시간에 흔히 볼 수 있는 풍경이다. 퀴즈가 진행되는 동안 학생들은 다른 모둠의 좋은 결과를 기대하지 않는다. 모둠 간의 경쟁에서 밀리고 싶지 않은 학생들에게 다른 모둠 친구들은 모두 적敵이다.

경쟁과 협동이 공존하는 수업

대한민국 아이들은 경쟁을 부추기는 문화에서 자란다. 집에서는 형제자매에게, 학교에서는 다른 학생들에게 끝없이 비교를 당한다. 우리나라 학생들은 주당 학습 시간 수가 세계에서 압도적으로 많다. 세계에서 가장 학업 성취도가 높은 것도 우리나라다. 가장 많은 시간 공부하고, 가장 높은 학업 성취도를 내는 것이다.

경쟁 대신 협동을 선택했던 핀란드 교육의 사례가 한창 인기를 끌었던 적이 있다. 우리나라에도 핀란드식 교육을 도입하자는 목소리가 높았다. 《핀란드 교육혁명》 같은 책을 읽고, 핀란드식 교육에 대해 열을 올리던 시절, 핀란드에 수업을 참관하러 갔다. 아이들의 자유롭고 평화로운 모습을 보면서 나는 어떤 교육을 꿈꾸었던가, 스스로 삶을 돌아보았다.

핀란드 교육의 목적과 제도는 깊이 공감하고 배울 점도 많지만, 핀란드나 스웨덴 같은 북유럽 국가들의 교육은 우리처럼 경쟁식 문화를 기반으로 만들어지지 않았다는 것만은 확실하다. 우리는 일본, 홍콩 같은 치열한 경쟁식 교육과 훨씬 비슷하다. 아니, 우리가 더하면 더했지 결코 덜 하지 않다.

이런 사회 구조 안에서 학생들에게 지나친 경쟁은 멀리해야 한다고 말하는 것은 솔직히 텅 빈 메아리처럼 들린다. 그럼에도 교육자인 우리가 돌아보고 고민해야 할 지점은 명확하다. 경쟁은 나 자신과 겨룰 때 비로소 긍정적인 힘을 갖기 때문이다. 과거의 나와 현재의 나를 비교하면 남과 비교했을 때의 씁쓸함이 사라진다. 경쟁이 경쟁으로서 진정한 의미를 가지려면 결국 어제의 나를 오늘의 내가 끌어안고 한 걸음 더 나아가는 수밖에 없다. 스스로의 성장을 행복하게 느낄 수 있도록 자신의 향상 점수를 매겨보게 하는 것이 중요한 이유다.

나 자신과 경쟁하는 아이들은 친구와 손을 잡는 것이 자연스럽다. 친구를 통해서 더 배우는 것이 나의 향상에 도움이 되기 때문이다. 내가 더 잘하는 게 있는데 굳이 다른 이를 부러워하지도 않는다. 경쟁이 협동과 함께할 때 내는 시너지 효과를 아이들이 깨닫게 되는 때다.

모둠도 마찬가지다. 모둠끼리 경쟁을 시키는 것이 아니라 모둠의 향상 점수를 기록하면 퀴즈 대회에서 지난번보다 하나 더 맞았다고 좋아하는 아이들을 볼 수 있다. 경기나 게임에서 다른 아이를 누르는 기쁨은 짜릿하지만 어딘가 모르게 씁쓸하여 이겨놓고도 100% 기쁘지 않다. 그런데 내가 나를 이기면 짜릿함을 넘어 성취감까지 느껴진다. 내가 나를 이기는 순간, 나는 그전보다 더 나은 내가 되기 때문이다.

경쟁과 협동이 적절하게 공존하는 수업을 디자인하기 위해서는 아이들이 남이 아닌 나와 겨룰 수 있도록 자신만의 목표를 갖게 해야 할 것이다.

배움을 즐거운
경험으로 만들어라

수업에서 웃음은 어떤 의미를 갖고 있을까? 교사가 가장 싫어하는 소리는 옆 반 교실에서 나는 웃음소리라는 말이 있다. 우스개지만 그냥 웃고 넘길 수 없는 씁쓸한 말이다. 아이들이 까르르 웃는 소리가 복도까지 울려 퍼지는 교실은 아이들 얼굴에 생기가 돌고 교사의 얼굴도 밝다. 이런 학급에서 공부하는 학생들과 교사는 참으로 행복할 것이다.

행복한 교실에서 행복한 배움이 이루어질 때 아이들은 성장한다. 그래서 좋은 수업을 말할 때 빼놓지 않아야 할 것이 바로 웃음이다. 배움이 즐겁지 않다면 아이들은 웃지 않는다. 이 부분에서 오해하면 안 되는 것은 꼭 게임이나 레크리에이션 같은 활동으로 교사가 아이들을 '웃겨야 하는 것'은 아니라는 것이다. 교사가 유머를 즐기고 쾌활한 성격이라면 더할 나위 없이 좋지만, 그렇다고 해서 조용하고 차분한 선생님의 교실에서 아이들이 웃지 않는 것도 아니고, 행복하지 않은 것도 아니다.

교사는 개그맨이 아니다. 레크리에이션 강사도 아니다. 학생들을 웃게 하려고 내가 몸을 던질 수는 있지만 웃음이 목표가 아니라 수업이 목표여야 한다. 그럴 때만 비로소 그 시도가 가치 있다. 아이들은 배움을 통해 자신도 모르게 "아~" 하는 탄성을 내기도 하고, 뭔가를 새롭게 알게 되었을 때 기뻐하기도 한다. 토의를 하며 웃기도 하고, 친구들과 계획을 짜면서 즐거워하기도 한다. "아~" 하고 놀라는 순간은 교사의 발문을 통해서도 찾아오고, 친구들과 토의와 토론을 통해서 생각을 확장하고 공유할 때 역시 가능하다.

그 순간 아이들 표정은 무척 밝다. 새로운 것을 알고자 하는 인간의 기본적인 욕구가 채워지는 순간 아이들 얼굴은 등燈이라도 켜놓은 듯 환하고, 새로 안 것이 신기하고 재미있어서 웃음이 피어난다.

아이들은 교사가 던지는 작은 질문 하나에도 생각이 넓어진다. 학생들이 자유롭고 편안한 분위기에서 수업이 진행될 수 있도록 먼저 교사가 편안하고 온화한 태도로 웃음을 띠고 수업하는 여유를 가져야 한다. 그리고 자주 웃어주어야 한다. 교사가 웃어야 아이들도 따라서 웃기 때문이다.

전국 모든 교실에서 학생들의 웃음소리가 넘쳐났으면 좋겠다. 그 어떤 목표보다 아이들이 행복하고 즐거운 학교를 만들어갔으면 한다. 그러기 위해서 교사가 먼저 마음의 여유를 갖고 즐겁고 기쁘게 아이들을 만났으면 한다. 교사가 행복하고 즐거운 학교를 어떻게 만들 수 있을지 고민해야 한다.

교사가 행복하지 않은 교실에서 어떻게 학생이 즐겁고 행복할 수 있을까. 교사가 행복하고 평안한 학교를 만드는 것이야말로 지금의 대한민국 공교육을 살리는 유일한 길이다. 여러 가지 제도와 법률적인 보완도 필요하겠지만, 무엇보다 교사들의 이야기를 주의 깊게 듣고 정책에 반영하려는 노력이 먼저다. 현장에서 터져 나오는 교사들의 아우성을 모른 척한다면 우리는 아무런 변화도 이끌어낼 수 없을 것이다.

틀린 생각이 아니라, 다른 생각으로 여기게 하라

학생들의 호기심과 창의성을 키우기 위해서 어떻게 해야 할까? 어떤 새내기 선생님이 나에게 교사가 된 다음 가장 듣기 좋았던 칭찬이 무엇인지 물어본 적이 있다. 그때 머릿속에 떠오른 장면이 있다. 토론 수업을 열심히 하는 중이었는데, 옆 반에서 떠드는 소리가 들렸다. 그러자 한 아이가 손을 들더니 이렇게 말했다.

"선생님, 아이들이 왜 저렇게 떠들어요? 공부가 재미없나 봐요."

다른 아이들이 맞장구쳤다.

"맞아. 쟤들은 공부가 재미없으니까 떠드는 거야."

"그럼 너희들은 공부가 재미있어?"

웃으면서 물었더니, 아이들이 앞다퉈 대답했다.

"네, 선생님하고 공부하는 게 재미없을 수 없잖아요. 선생님 수업은 항상 최고예요. 진짜 재미있어요."

초임 교사 때 "재미는 있는데, 뭘 배웠는지 잘 모르겠어요"라는 말을 아이들에게서 들었다. 그 이후로 "선생님 수업은 항상 최고예요! 정말 재밌어요"라는 말을 듣기까지 10년이 넘게 걸렸다. 아마도 교사로서 썩 훌륭한 성적표는 아닐 것이다. 그러나 그 순간 나는 교사로서 진정한 희열을 느꼈다.

당시 창의성 신장을 위한 새롭고 다양한 수업 방법을 구안하던 중에 창의적인 사고 기법을 적용해보았다. 브레인스토밍, 하이라이팅, TIR*Teacher In Role*, 마인드맵, 브레인라이팅*Brain Writing*, 역브레인스토밍, 축사고, 두줄생각, 육색사고모자 등 창의적 사고 기법을 과목별로 다양하게 시도했다. 수업 시간에 학생들에게서 저마다 다른 아이디어가 그렇게나 줄줄 쏟아진다는 게 신기했다. 학생들이 내놓는 의견을 듣다 보면 40분을 훌쩍 넘겨 수업하는 일이 예사였다.

그러다 보니 정규 시간인 40분이 아이디어를 내다가 끝나는 일이 많아서 아쉬웠는지, 학생들이 먼저 수업을 끊지 말고 계속해서 하자는 의견을 냈다. 흔히 말하는 연속 차시로 수업하길 원한 것이다. 매시간 수업 목표와 해결할 활동을 구성하느라 시간이 걸려도 학생들은 저희에게 맡겨달라고 거침없이 요구했다.

학생들은 스스로 수업 주제에 따른 학습 문제를 정하고, 문제를 해결할 활동을 구상하고 그것을 어떻게 해결할지 토의했다. 모둠에서 토의한 결과를 전체와 나누고, 다시 생각을 정리하고 새로운 과제를 생각해냈다. 학생들은 이미 자신의 내면에서 나보다 더 좋은 교사를 찾은 다음이었다.

수학 시간에는 교과서에 없는 새로운 풀이 방법을 찾기 위해 학생들 스스로 토의하고 또 토의했다. 모둠별로 돌아가면서 자신들이 찾아낸 풀이 방법을 다른 친구들이 이해할 때까지 칠판에 직접 적어가며 설명하고 지도했다. 나는 옆에서 학생들을 안내하고 인도하는 역할을 했고, 그들의 도전을 아낌없이 칭찬했다.

"좋아. 멋진 도전이었어. 방금 네 덕분에 교과서보다 한 걸음 더 나아갈 수 있었어. 선생님은 너희들이 함께 노력한 것에 박수를 보내고 싶어."

그러다가 학생들이 주저하거나 막힐 때면 이렇게 질문을 던졌다.

"이 부분은 다시 생각해볼까? 왜 이런 결과가 나왔는지 설명할 수 있겠니?"

수업 시간마다 토의와 토론, 아이디어, 질문과 응답이 이어졌다. 학생들은 공부 시간이 짧다고 아쉬워했다. 그때 교대 교수와 공동 연구로 학생들의 창의성 신장 부분을 연구했는데, 우리 반 학생들의 창의성과 독창성은 대조군과 뚜렷한 차이를 보여주었다. 수업으로 창의성과 독창성이 길러질 수 있다는 것이 무척 놀라웠다.

《새로운 미래가 온다》의 저자인 다니엘 핑크는 "미래 사회에 필요한 인재는 1+1=3으로 생각하는 사람이다"라고 말했다. 과거의 한계와 틀을 깨지 않는다면 발전이란 있을 수 없다. 새로운 것을 향한 첫걸음은 바로 학생들의 호기심에서 시작한다.

호기심, 도전, 용기는 수업에서 중요하게 다루어야 하는 창의성의 내적內的 요인들이다. 《창의성과 학교교육》에서 아서 크로플리는 교사들이 유독 독창성을 창의성의 가장 큰 부분으로 생각하는 것을 지적하며, 수업에서 놓치지 말아야 할 것을 이런 창의성의 내적인 요인이라고 이야기했다.

창의성을 살리는 수업이란

교사가 학생의 창의성을 기르기 위해 해야 할 가장 첫 번째 일은 수업에서 도전하는 용기를 갖게 하는 것이다. 다음에 또 도전할 수 있어야 아이들에게서 새로운 가능성과 아이디어가 나온다.

로저 본 외흐의 《Creative Thinking: 생각의 혁명》에는 이런 말이 나온다.

"창조적인 사람들은 스스로 창조적이라고 규정하고 있다. 창의성에 영향을 주는 것은 바로 스스로 창조적이라고 생각하느냐 아니냐다.”

학생들이 스스로 창의적인 사람이라고 믿고, 여러 가지 다양한 생각에 도전하는 것이 진정한 창의성 수업이다. 교사는 아이들의 창의성을 기르기 위해 “괜찮아. 잘했어. 네가 그렇게 도전했다는 것만으로도 우리 모두에겐 큰 의미가 있어. 훌륭하구나” 같은 말로 학생들에게 자주 ‘도전할 수 있는 용기’를 북돋아야 한다.

새로운 생각은 틀릴 수 있다. 그것도 자주. 그러나 틀린 생각이 10개가 되고, 20개가 되고, 100개가 되면 그중 하나는 무엇보다 멋진 가능성이고, 새로운 해결 방법일 수 있다. 사실 우리 모두는 알고 있지 않은가. 바로 이 하나의 생각이 세상을 바꾸고 인류를 더 나은 삶으로 이끌어왔다는 것을 말이다.

에디슨은 필라멘트를 만들 때 무려 1,200번이나 실패했다. 당시 에디슨은 태운 대나무, 감자, 종이, 면섬유 등 세상에 있는 온갖 재료로 실험했다. 돈과 시간이 끝없이 들어가는 것에 대해 염려하는 주변의 말에 그는 이렇게 말했다.

“괜찮습니다. 나는 1,000번을 실패한 것이 아니라 1,000번의 되지 않는 이유를 알아낸 거예요.”

역사를 뒤져보면 에디슨보다 먼저 필라멘트를 발명했던 사람이 있다. 그러나 우리는 세상에 빛을 가져다준 사람을 에디슨으로 기억한다. 에디슨은 필라멘트를 발명한 사람이 아니라, 사실은 필라멘트의 수명을 길게 바꾼 사람이다. 다른 사람의 아이디어에 자기 생각을 더해 실험하고 실패하기를 1,200번 반복한 끝에 성공한 것이다.

틀렸다고 좌절하게 만드는 것은 창의성을 죽이는 수업이다. 틀려도 다음에 또 도전하고 용기를 내도록 해주는 것이야말로 창의성을 살리는 수업이다. 창의성을 기르는 수업에서는 아이디어를 내고, 함께 고민하여 문제를 해결하는 것이 수업의 핵심 축이다. 혼자보다 여럿의 아이디어가 더 낫다는 것은 아이들이 먼저 느낀다.

교사들과 이야기하면서 스스로를 창의적이지 않은 사람이라고 여기는 경향이 있다는 것을 여러 번 느꼈다. 그들 내면의 창의성을 발견할 기회가 많지 않았기 때문이라고 생각한다. 그러나 학생들은 다르다. 아이들은 어른보다 사고가 유연하고 융통성도 크다. 교사가 학생을 인정해주고 용기를 북돋아주는 것만 잘해도 아이들은 창의성의 날개를 펼 수 있다.

아이들이 호기심을 갖고 수업에 참여할 수 있도록 다양한 사고 기법이나 아이디어를 자극할 수 있는 수업 모델을 연구해볼 것을 추천한다. 이런 시도를 하다 보면 분명히 재미있고 신선한 수업을 할 수 있을 것이다.

배워서 바로 써먹는 창의적 사고 기법 5가지

사고 기법1. 브레인라이팅

브레인스토밍이 하고 싶은 말을 무엇이든 하는 자유로운 표현 방법이라면, 브레인라이팅은 생각한 것을 쪽지나 포스트잇에 적어보게 하는 활동이다. 종이에 생각을 적는 활동이므로 수업이 금세 차분해진다. 브레인라이팅은 반 아이들 전체의 생각을 동시에 기록할 수 있고, 소극적이고 말 없는 아이들의 생각도 들어볼 수 있어서 좋다.

사고 기법2. TIR

교사가 역할놀이에 함께 참여하는 활동이다. 선생님과 역할놀이를 한다는 것만으로도 아이들은 무척 재미있어 한다. 때로는 박사가 되고 때로는 역사 속 인물이 되어 인터뷰를 하는 등 활동에 교사가 함께하므로 아이들의 눈높이에 맞추는 활동이 어떤 것인지 알 수 있다.

교사의 말 예시

교사: 오늘은 고려의 문화재에 대해서 공부한 것을 확인하는 시간입니다. 친

구들이 팔만대장경 박사님, 직지심체요절 박사님, 고려청자 박사님

이 되어 여러분이 궁금해하는 것들을 설명해줄 거예요. 선생님은 '다 알아요 박사님'이니까 여러분이 궁금해하는 것을 함께 설명해줄게요. 다알아요 박사님에게 물어봐요. 뭐든 대답해드리겠습니다.

사고 기법3. 역브레인스토밍

역브레인스토밍은 내놓은 아이디어에 대해 왜 안 되는지 그 이유를 거꾸로 찾아보고 대안을 제시하는 활동이다. 가장 좋은 합의점을 토의를 통해 찾아낼 수 있다.

세계화할 수 있는 한국 음식은 무엇인가?

학생	음식	장점	단점	대안
현성	삼겹살	맛있다.	느끼할 수 있다.	맛있는 쌈장 소스를 개발한다.
하늘	비빔밥	다양한 채소와 고기, 밥을 한 번에 먹을 수 있다.	채소를 싫어하는 사람이 꺼릴 수 있다.	더 많은 사람이 좋아하는 채소를 위주로 하는 비빔밥을 개발한다.
희민	팥죽	몸에 좋다.	팥을 싫어하는 사람이 있을 수 있다.	팥의 맛을 줄이고 단맛이 나는 설탕을 첨가한다.
토의 결과	우리 모둠에서는 세계화할 수 있는 한국 음식으로 가장 비판이 적은 비빔밥을 선정했다. 비빔밥을 세계화하기 위해서 외국 사람이 좋아하는 채소를 넣도록 한다.			

사고 기법4. 축사고

인물축, 공간축, 시간축 등 문제의 핵심 축을 바꿔 생각해본다. '만약 ~ 했다면 어떻게 되었을까?' 하는 창의적 사고를 갖게 하는 좋은 방법이다. 처음에는 교사가 문제를 제시하고, 익숙해지면 학생들이 축사고의 문제를 직접 만들어보게 한다.

① 인물축: 연개소문의 고구려가 삼국을 통일했다면?

'고구려가 삼국을 통일했다면 어떻게 되었을까?' 하는 질문을 축사고로 진행해보자. '연개소문이 삼국을 통일했다면 어떻게 되었을까?' 하는 '인물축' 바꾸기를 통해 연개소문과 김유신, 두 인물의 생애를 비교해 생각할 수 있다.

② 공간축: 직지심체요절이 프랑스가 아니라 일본에서 발견됐다면?

왜 직지심체요절이 프랑스에 있는지 이야기하면서 축사고의 '공간축' 바꾸기로 이를 생각해보자. 일본에서 약탈해간 문화재에 대한 우리의 자세에 대해서도 토론할 기회가 된다.

③ 시간축: 팔만대장경이 조선 시대에 만들어졌다면?

팔만대장경은 고려 시대에 몽골의 침입을 막아내고자 하는 마음을 담아 만든 차랑스러운 유산이다. 이것이 조선 시대에 만들어졌다면 어땠을지, '시간축' 바꾸기를 통해서 새롭게 바라보는 것이다. 조선은 불교를 억압하는 정책을 폈으므로 조선 시대에는 팔만대장경이 만들어지기 어려웠을 거라고 추측할 수 있다. 이를 통해 조선의 종교 정책과 고려의 종교 정책을 비교해보고, 왜 조선에서 불교를 억압했는지 생각해볼 수 있다.

사고 기법5. □는 □다

'□는 □다'는 배운 내용을 정리할 수 있는 좋은 방법이다. □에는 어떤 내용이 들어가도 좋다. 시간이 부족하면 학습 일지에 쓰게 한다.

삼별초는 [   ] **다**

삼별초는 고려의 자존심이다. 왜냐하면 고려를 지키기 위해 많은 사람이 목숨을 걸고 싸웠기 때문이다. 아마도 나라면 그렇게 하기 힘들었을 것이다. 무섭고 겁이 나서 말이다. 그래서 삼별초는 나라를 위해 목숨을 걸었던 고려인들의 마지막 자존심이다.

사회 시간에 삼별초에 대해 배운 다음 5학년 학생이 학습 일지에 쓴 내용이다. 교과서에서 가르친 것보다 훨씬 깊이 있는 내용을 담았다고 생각했다. 학생들은 정말로 배우면서 생각하고, 생각하면서 자란다는 것을 느낄 수 있다.

한 아이를
깊이 보는 것부터 시작하라

똑같이 가르쳐도 왜 어떤 아이들은 제대로 배우지 못하는 걸까? 어떤 아이들은 왜 수업 시간에 산만한 걸까? 수업에 자신감이 많은 교사일수록 이런 상황을 쉽게 받아들이지 못하며, 나는 잘하고 있는 것 같은데 왜 아이들이 못 따라올까 고민한다. 교사의 입장에서는 수업에서 일어나는 좋지 않은 상황에 대한 책임이 학생에게 있어 보이기 때문이다.

수업 시간에 학생이 어떤 것을 배우고, 어떤 생각을 했는지, 주도적으로 사고한 것은 어떤 부분인지 교사가 속속들이 알기는 어렵다. 일대 다수의 학급에선 한 학생 한 학생을 관심을 갖고 주의 깊게 들여다본다는 게 생각처럼 쉽지 않다. 의도적으로 끝없이 노력하지 않고서는 잘 안 보인다. 그래서 비슷한 방식의 수업이 계속된다.

같은 장소에서 같은 시간에 같은 교사에게 배우고도 그 배움의 정도가 다 다른 것에 의문을 품어본 적이 있을 것이다. 교사라면 누구나 한 번쯤 '나는 똑같이 가르치는데 왜 어떤 아이들은 제대로 배우지 못할까?' 하고 생각해보았을 것이다. 답은 생각보다 간단하다. 배우는 주체인 아이의 수준과 사고, 경험이 모두 다르기 때문이다. 수업에서 다양성을 추구하는 것이 필요한 이유다.

다양성을 추구하는 교사는 학생마다 다르다는 것을 인정하고 그 학생들을 어떻게 도울지 고민하는 데서 수업을 시작한다. 그러므로 어떻게 하면 내 학급의 학생들을 제대로 볼 수 있을지 고민해야 하며, 수업 개선을 위한 자신만의 방법을 모색해야만 비로소 앞으로 나아갈 수 있다.

수업에 정답은 없다. 수업에서 이것만 옳다고 우기는 것만큼 어리석은 일도 없다. 획일화로 틀이 굳어지는 순간 수업은 그 다양한 색을 잃어버린다. 어느 교육 과정도, 어느 수업 모형도, 심지어는 어느 수업 방법도 모든 현장에 늘 적합하지는 않다. 학생의 수준에 가장 잘 맞는 방법을 아는 것은 그 학생을 가르치는 교사밖에는 없다. 전에는 공개 수업을 하면 수업 협의라는 일종의 수업 피드백 시간이 있었다. 이 부분은 이렇게 하고, 저 부분은 저렇게 했어야 한다 등의 소리를 들었다. 그게 당연했던 시절을 나는 지나왔다. 지금은 수업을 하는 교사의 의견이 가장 중요하다고 믿는다. 그 학급을, 그 학생들을, 그 수업을 가장 잘 아는 사람은 다른 누구도 아닌, 바로 수업을 하는 교사 자신이기 때문이다.

내 교실의 문제를 가장 잘 아는 사람은 나이고 내 수업을 바꿀 사람도 다름 아닌 나이므로, 교사 스스로 노력하지 않는 한 수업은 달라지지 않는다. 만약 답을 쉽게 얻으려고 한다면 그것은 반드시 실패하게 되어 있다. 그저 꾸준히 수업을 고민하고 좀 더 치열한 자세로 살아가는 것이다. 자신 안에서 답을 찾는 것이 쉬운 일은 아니다. 결국 내가 넘어서야 하는 것은 나 자신인 것이다.

아이는 내가 모르는 도끼일 수 있다

나는 교사로서 가장 많이 성장했던 시절을 국립부설초등학교에서 근무했던 때로 꼽는다. 공립 학교로 전출한 다음엔 그 앞으로는 지나가지도 않았을 만큼 힘들었지만, 사실은 사실이다. 국립 학교에서 5년이란 긴 시간을 버텨내지 않았다면 교사로서 나는 그렇게까지 치열하게 살지 않았을 것이다. 부설초등학교에서의 가장 중요한 깨달음은 다른 무엇도 아니다. 교실 한편에서 학생들을 객관적으로 관찰하고 고민해볼 기회가 많았다는 데 있다.

처음에는 실습생을 지도하기 위해서 어쩔 수 없이 아이들을 관찰해야 했다. 그렇지 않으면 수업이 끝난 다음 피드백을 줄 수 없었다. 다소 번거롭더라도 살펴보고 고민할 수밖에 없었다. 사실 가끔은 이런 과정이 번거롭고 귀찮을 때도 있었다. 나는 교사로서 우리 반 학생들에 대해서 충분히, 잘, 알고 있다고 믿었기 때문이다. 그런데 그게 아니었다. 학생들을 관찰하는 시간이 쌓이면서 그전까지는 몰랐던 몇 가지 결론에 도달하게 되었다.

첫째, 수업을 하면서 보는 아이와 관찰할 때의 아이가 달랐다. 쉽게 말해 학급 전체의 한 부분일 때와 단독으로 볼 때의 아이가 달랐다. 예전 같으면 미처 모르고 지났을 작은 행동, 습관, 말투, 태도 등이 보였고, 가끔은 내가 생각한 것과 전혀 다른 행동을 하는 것을 보고 깜짝 놀랄 때도 있었다. '어, 저건 내가 전혀 모르는 모습인데?' '앗, 저런 생각도 하는구나' '와, 뜻밖에 잘하는데?' 같은 걸 느꼈다. 의도와 목적을 분명히 하고 작정하고 관찰하지 않으면 모를 부분들이었다.

둘째, 그 아이가 학급에서 어떤 관계에 놓여 있는지 보였다. 다른 아이와의 소통, 교우 관계, 모둠에서의 참여율이나 교사와의 관계, 나머지 아이들과의 관계 등 아이가 학급 내에서, 모둠 속에서 맺고 있는 '관계'에 대한 부분이 눈에 띄었다. 이 아이를 관찰함으로써 다른 아이도 함께 눈에 들어온다는 것도 알게 되었다. 이 역시 흥미로운 부분이었다.

셋째, 수업에서 학생마다 도움을 필요로 하는 부분이 저마다 달 랐고, 좋아하는 수업 방식도 다 다르다는 사실을 새삼 깨달았다. 생각해보면 모두 다르니, 학생들이 각기 다른 걸 요구하는 게 당연했다. 그런데도 그런 부분조차 고민하지 않았던 나 자신에 대해 돌아보게 됐다. 그동안은 학급 전체 서른 명 가까운 학생들을 모아놓고 하나의 인물상을 만들어서 그를 대상으로 수업해왔던 건 아닐까 하는 생각도 많이 했다. 학생 한 명 한 명이 수업에서 기대하는 것, 요구하는 것, 얻어내는 것이 다르다는 걸 알게 된 것은 매우 큰 깨우침이었다.

그동안은 수업하다가 돌발 상황이 생기면 '믿었던 도끼에 발등을 찍혔다'고 생각했는데, 그게 아니었다. 사실은 도끼 자체가 어떻게 생겼는지도 몰랐던 거였다. 한 아이를 이해한다는 것은 엄청난 노력이 필요하고, 정말 많은 관찰이 필요하다는 것을 그 5년 동안 배웠다. 이런 일련의 성찰 이후에 나는 '학생을 잘 안다' 같은 말을 함부로 하지 않게 됐다. 학생은 교사가 그저 사랑하고 애써 가르쳐야 하는 존재이지, 믿고 내버려두는 존재가 아니기에, 어떤 학생이든 섣부른 판단이나 평가를 하지 않으려고 무던히 애썼다.

아이를 중심에 놓는 수업의 세계

그전까지만 해도 학급 전체를 잘 끌고 가는 것이 수업이라고 생각했고, 그 흐름을 벗어나지만 않으면 수업을 잘하는 것이라고 믿었다. 그런데 돋보기로 보듯이 아이를 하나하나 보자, 그게 다가 아니었다. 아이들은 교사가 하라는 대로 말없이 따라왔을 뿐이지 결국은 각자의 방식으로 다시 재조합하면서 배우고 있었다.

교생들은 몇 학생을 정해서 집중적으로 4주간의 실습 기간 동안 관찰한다. 덕분에 자신이 관찰하는 학생에 대해서는 잘 알 수밖에 없다. 이 관찰을 통해 아이의 습관, 학업 성취도와 수업 시간에 주로 하는 특별한 행동과 일상적인 행동, 다른 아이와의 관계 같은 세세한 것까지 알 수 있다. 어쩌면 담임 교사보다 나은 부분일 수도 있다.

한번은 어느 교생이 쉬는 시간에 앞 시간에 수업한 것을 한 학생에게 다시 설명하는 걸 보았다. 협의 시간에 물어보니, 웃으면서 이렇게 말했다.

"제가 그 애를 매일 지켜봤는데 그림을 그려서 설명하면 좀 더 잘 이해하는 것 같았어요. 그래서 쉬는 시간에 그림을 그려서 문제 푸는 것을 도와줬어요. 수업 시간에 다른 애들처럼 식을 만들라고 하니까 잘 못 했는데, 그림으로 그려서 다시 해보라고 하니까 역시 잘하던데요. 다음 시간에도 잘 이해가 안 되면 그렇게 그림으로 그려서 생각해보라고 알려줬어요."

담임인 나보다 나은 지도였다. 나는 진심으로 그 교생의 관찰과 지도에 감탄했다. 수업 시간에 어떻게 하면 학생들 각자의 고민과 문제를 도울 수 있을 것인가 하는 것은 교사의 피할 수 없는 숙제다. 결국 학생이 주도적으로 사고하고 활동하는 가운데 스스로 깨닫도록 하는 방안이야말로 교사가 연구해야 할 수업의 핵심이다.

경험이 부족한 교사라면 교사 자신에게 맞는 수업 방법이 어떤 것인지 찾는 것도 중요하다. 이 과정에서 꾸준히 수업을 고민하고 연구해야 한다. 많은 관찰과 기록, 연구만이 아이를 중심에 놓는 수업의 세계로 이끈다.

거창하게 생각하지 말고, 작은 것부터 시작하면 좋다. 학생을 자세히 관찰하고 개별화 학습을 위해 실천해볼 몇 가지를 제안하고자 한다.

실천1. 집중 관찰 시스템 만들기

한 주에 2~3명의 학생을 '이번 주 집중 관찰 학생'으로 정한다. 교생이 정해진 학생을 관찰하듯이 학생들을 관찰하는 것이다. 다음과 같은 부분을 간단히 기록해보면 좋다. 내용은 간단하게 메모하듯이 기록하고, 누가 기록으로 꾸준히 모아두면 학생을 보는 시선과 관점 자체가 달라지고 성장한다는 걸 느낄 수 있다.

- 수업 참여 패턴을 살펴본다. 언제 집중하고 언제 산만해지는지, 어떤 활동에서 눈빛이 살아나는지 등을 살핀다.
- 질문하고 대답하는 스타일도 살펴본다. 적극적인지, 소극적인지, 논리적으로 대답하려고 하는지, 직관적으로 튀어나오듯 대답하는지 등을 관찰한다.
- 친구들과의 관계를 살핀다. 리더 역할을 하는지, 다른 학생의 말을 수용하는지, 혼자 가만히 활동하는 걸 좋아하는지 등을 관찰한다.
- 자신의 생각을 어떤 방식으로 표현하는지 살핀다. 말로 설명하는 것에 익숙한지, 글로 적는 것을 편안해하는지, 그림이나 몸짓으로 표현하는 것을 좋아하는지 등을 관찰한다.
- 도전적인 상황을 어떻게 해결하는지 살핀다. 어려운 문제나 껄끄러운 상황, 하기 싫은 활동이 있으면 피하려고 하는지, 도전하려고 하는지, 포기하는지 등을 관찰한다.

실천2. 5분 대화 시간 갖기

하루에 한 명이라도 점심시간, 쉬는 시간, 방과 후 시간 등을 활용해서 일대일 대화를 나눈다. 수업에 대한 대화를 나누면 좋다.

- 학생의 관심사와 학습 성향을 엿볼 수 있는 질문: "요즘 어떤 과목이 제일 재미있어?"

- 학생의 학습 전략을 파악하는 질문: "수업 시간에 이해가 잘 안되면 어떻게 하는 편이니?"

- 학생의 학습 선호도를 파악하는 질문: "친구들이랑 같이 공부하는 게 좋니(협력 학습)? 아니면 혼자 공부하는 게 좋니(개별 학습)?"

- 학생의 학습 스타일을 직접 확인하는 질문: "선생님이 어떻게 설명해주는 게 가장 이해가 잘 되니? 그림으로 그려줄 때? 아니면 설명할 때? 이야기처럼 들려줄 때? 게임이나 놀이를 할 때? 이야기해볼래?"

실천3. 학습 스타일 파악하기

학생 전체를 대상으로 학습 방법이나 전략, 선호하는 학습 스타일 등을 설문해도 좋다. 학기 초반, 중반, 후반 나누어서 설문하면 처음과 달라진 부분을 확인할 수 있다.

실천4. 수업 중 학생의 이해도 확인하기

"선생님이 방금 한 말 이해했니?"와 같이 물어보면 누가 얼마나 이해했는지 알 수 없다. 처음엔 나도 저학년 학생들이 수업 내용을 잘 이해했는지 파악하기 어려워서 이것저것 다양하게 시도했다. 그 결과 학기 초에 학생들과 미리 약속을 정해두기 시작했다. 그런데 이 방법이 뜻밖에 효과가 좋아서 나중엔 모든 학년에서 적용했다. 아래 예시는 우리 반에서 썼던 약속들이다. "자, 얼마나 이해했는지 손으로 표시해볼까?" 하고 물으면 아이들이 저마다 이해한 정도를 다음과 같은 수신호로 표시해준다.

- **엄지 들기**: 친구에게 설명해줄 수 있을 정도로 이해했다는 뜻
- **검지 들기**: "질문 있어요, 궁금한 게 있어요"라는 뜻
- **주먹 쥐기**: "무슨 말인지 잘 모르겠어요, 저는 개별적으로 설명을 한 번 더 해주시면 좋겠어요"라는 뜻

실천5. 관찰 내용 활용하기

모둠을 구성할 때도 전략적으로 한다. 아마도 일상적인 수업에선 모둠을 학습 수준으로 구성하는 경우가 대부분일 것이다. 필요하다면 학생의 성향을 고려하는 것도 좋다. 적극적인 아이와 신중한 아이, 창의적인 아이와 이성적이고 논리적인 아이, 리더인 아이와 수용적인 아이 등을 함께 모둠으로 만들면 과제 수행의 효율이 높아진다.

나는 과목별, 단원별, 프로젝트별로 모둠 구성이 다 달랐는데,

처음엔 헷갈려도 나중엔 학생들이 알아서 움직인다. 필요하다면 모둠은 다양하고 유연하게 구성하는 게 좋다.

이렇게 관찰한 내용은 학부모 상담에서 활용하면 크게 도움이 된다. 요즘 학부모는 교사의 의견을 듣고도 "선생님이 우리 아이를 잘 모르시는 것 같은데요" 하는 경우도 있다. 이럴 때 구체적이고 객관적인 기록으로 이야기하면 학부모도 수긍할 수밖에 없다. 학생의 강점, 선호하는 학습 형식, 학습 스타일 등에 대한 것을 부드럽게 조언해보자.

PART

2

수업을 완성하는
4단계 실전 가이드

1_장

◦ 1단계 수업 기획 ◦

나와 학생을
먼저 들여다보라

학생을 이해하면
수업이 보인다

수업에 대한 고민은 내가 가르치는 대상이 누구인지 파악하는 데서 시작한다. 수업 기획은 가르치는 대상인 학생을 정확하게 이해하는 것부터 시작하며, 어떤 내용을 가르치고 어떤 방법으로 가르칠 것인가 하는 것은 그다음 문제다.

소인수 학급에서도 학생의 수준은 천차만별이다. 학생마다 생각하는 것이 다르고 경험한 것이 다르기 때문이다. 이해하고 받아들이는 수준이 다르기 때문에 엄밀한 의미에서는 모든 아이가 다 다르다는 게 가장 적절한 표현이다. 어떤 학생은 수학을 싫어하지만 과학은 좋아하고, 어떤 학생은 영어는 싫어하지만 음악은 좋아한다.

교사는 학생들의 평소 학습 태도와 학업 성취 수준을 제대로 이해하고 있어야 함은 물론이고 학생의 생활에도 세심하게 관심을 가져야 한다. 그렇지 않으면 학생에게 필요한 진단과 처방을 제때 해줄 수 없을 뿐 아니라 수업을 제대로 준비할 수도 없다.

어떤 학생이 무엇을 왜 싫어하는지에 대한 세세한 자료를 갖추고 그에 따른 피드백을 제공할 수 있어야 학생들에게 맞는 맞춤형 수업도 할 수 있다. 수업에 앞서 학생에 대한 기본적인 심리 검사와 학습 태도 검사가 선행되어야 함은 물론이고, 학생의 학습 성취에 대한 꾸준한 누적 자료가 교사에겐 반드시 필요하다. 그래서 어떤 부분에서 학생이 왜 어려움을 겪고 있는지 파악하고, 어떤 부분에서 어느 정도 향상을 보이는지 알고 있어야만 한다.

교사는 마치 작은 구슬을 꿰어 만들어놓은 목걸이처럼 학생들에 대해 하나하나 작은 변화까지 전부 꿰뚫듯 파악해야 한다. 그렇기 때문에 교사는 해야 할 일이 많고, 일상이 바쁠 수밖에 없다. 학생의 생활 지도는 물론이고 수업까지 다 하려면 몸이 열 개라도 모자라다는 말이 맞다. 그러나 다행인 것은 학생을 세세하게 살필수록 지도가 점점 쉬워진다는 것이다. 지피지기 백전백승知彼知己 百戰百勝, 학생을 이해하면 할수록 수업에도 자신감이 생긴다.

학생을 이해하기 위한 가장 기본은 학생의 현재 학습 수준을 파악하고, 형성 평가를 통해 향상 정도를 꾸준히 체크하는 것이다.

또한 학생의 발표 태도와 학습 태도를 알고, 성장을 격려하는 것이다. 수업을 잘하기 위해서 교사는 학생의 관심사와 취미는 물론이고 수업에 참여하는 태도, 모둠 활동의 참여도, 과목별 흥미도, 심지어는 공책 글씨까지 파악해야 한다.

개별화 수업을 시도할 수 있는 다양한 방법을 고민해보는 것도 좋다. 학생들의 개인적인 요구와 수준에 맞는 수업이야말로 학습 성취와 흥미를 끌어낼 수 있는 가장 좋은 방법이기 때문이다.

학생들이 학습 방법을 선택하게 하라

학생들이 학습 방법을 선택할 수 있도록 하는 것은 개별화 수업의 핵심이다. 먼저 과제를 수행할 때 학생들이 자신에게 맞는 표현 방식을 선택하게 해야 한다. 어떤 학생은 글로 써서 자신의 생각을 잘 표현하지만, 어떤 학생은 그림이나 만화를 그릴 때 더 창의적인 아이디어를 보여준다. 또 다른 학생은 발표를 통해 자신의 역량을 발휘하기도 하고, 구체적인 과제물을 만들어서 제출할 때 더 좋은 결과를 보이기도 한다. 이처럼 학생마다 선호하는 학습 방식이 다르기 때문에 교사는 다양한 선택지를 제공해야 한다.

학습 환경에 대한 선택권도 중요하다. 학생들이 집중이 잘 되는 자리로 이동할 수 있도록 허용해주는 것이 필요하다. 어떤 학생은 창가 자리에서 자연광을 받으며 공부할 때 집중력이 높아지고, 어떤 학생은 교사 근처에서 즉각적인 피드백을 받을 수 있을 때 학습 효과가 좋다. 반면 어떤 학생은 문 근처 자리를 선호하기도 한다. 이런 개인적 선호를 존중하여 학생들이 수업 중이나 수업 전에 자리를 이동할 수 있게 하면 학습 효율성을 높일 수 있다.

수업 운영에서도 학생의 선택권을 보장하는 것이 중요하다. 교사의 설명이나 지시 등은 전체 활동으로 간단하게 안내하되, 기본 활동을 마친 학생에게는 선택하여 학습할 수 있는 기회를 주어야 한다. 교사가 제시하는 일정 수준을 통과한 학생에게는 심화 학습지를 풀게 하거나 아직 통과하지 못한 친구를 돕도록 선택권을 준다. 이렇게 하면 빨리 이해한 학생들이 지루해하지 않고 더 깊이 있는 학습을 할 수 있다. 반대로 통과하지 못하는 학생에게는 교사가 직접 도움을 주거나 이미 통과한 학생에게 동료 학습을 통해 도움을 받게 한다. 이러한 방식은 학생들의 다양한 학습 속도와 수준을 고려한 맞춤형 수업을 가능하게 한다.

수업은 교사의 고민만큼 성장한다

가르치는 교사는 똑같은데 아이들의 흥미가 달라지는 이유가 궁금합니다.
왜 어떤 과목은 학생들에게 늘 인기 있고,
어떤 과목은 아무리 노력해도 재미없어할까요?

수업은 교사가 얼마나 고민하느냐에 따라 질이 달라진다. 학생에 대해 이해하고 수업 방법을 고민하는 시간이 어느 정도인가에 따라 학생들이 경험하는 40분은 질적으로 우수해질 수도 있고, 아닐 수도 있다.

특히 학생들이 특정 과목에 갖는 거부감을 이해하지 못하면 이를 해결하기 위해 노력할 수 없다. 학생들이 과목에 따라 흥미가 달라지는 원인을 파악하지 못하면 수업 방법을 달리해야 하는 이유 역시 모를 수밖에 없다.

수업은 교사가 학생의 필요와 요구가 무엇인지 알기 위해 고민하는 만큼 성장하는 일종의 유기체와 같다. 어느 교사는 마치 살아 있는 생물처럼 생동감 있고 신선하여 뜨거운 심장까지 느껴지는 수업을 한다. 아이들은 교사와 함께 자유롭고 즐거운 배움을 맛본다. 어느 교사는 어제와 오늘이 같고 오늘과 내일이 같은 생동감이라고는 전혀 찾아볼 수 없는 수업을 한다. 교사 자신이 수업을 얼마나 즐기고 있느냐를 생각해보면 이것은 가장 쉽게 알 수 있는 부분이다.

예를 들어 수학은 학년이 올라갈수록 좋아하는 학생이 줄어든다. 연산이 복잡해지고, 사고 과정을 요구하는 고학년에선 일부 학생들만 수학을 좋아한다. 나는 이런 까닭에 고학년에서야말로 제대로 된 수학 교구가 필요하고, 다양한 수업 방법으로 재미있게 접근해야 한다고 믿는다. 학생의 이런 필요를 알아차리지 못하면 그저 정답 풀이식의 수업을 반복하게 된다.

체육 수업은 대체로 모든 학년에서 사랑받지만 고학년 여학생들은 운동량이 많은 이어달리기나 왕복 달리기를 싫어한다. 체력 운동, 구기 운동, 근력 운동 등을 다양하게 재구성하여 배치해야 하는 이유다.

이렇듯 학생이 원하는 것이 무엇인지 교사는 늘 살피고 귀를 기울여야 한다. 어떤 과목에서 왜 학생들의 흥미가 떨어지는지 교사가 정확히 파악해야 수업 방법도 달리할 수 있다. 교사는 과목별,

학생별로 학생들의 수준과 흥미를 파악해야만 좋은 수업을 할 수 있다. 그러기 위해 교사 자신의 역량을 키우는 것이 가장 우선이며, 다음으로는 학생을 위한 다양한 수업 방법을 고민해야 한다.

수업에 대한 자신감은 교과를 얼마나 잘 이해하느냐에서 나온다. 수업을 잘하고 싶은 마음이 있다면 그 교과를 가르치는 이유를 먼저 알아야 한다. 아이들이 수업을 통해서 배워야 하는 핵심적 가치를 교사가 먼저 이해하고 수업으로 구성하지 못하면 그 수업은 배움이 없고 그저 수박 겉핥기식의 지루한 일상이 되고 만다. 교과에 대한 완전한 이해를 위해 지도서를 읽고, 교육 과정의 체계를 충분히 습득해야 한다. 그리고 교과 밖의 세계를 접목시키는 지혜로운 눈을 지닐 수 있도록 노력해야 한다.

때로는 교사의 열정이 아이를 가두는 틀이 된다

경력이 막 5년 차를 넘어섰을 때다. 학급 운영도 최상의 상태였고, 두레 활동과 주제 중심 프로젝트 학습이 전성기를 맞고 있던 때였다. 아이들은 내가 준비하는 수업에 열렬히 호응하고 즐거워했다. 그런데 한 아이가 수업 시간에 발표를 하지 않으려고 했다. 혼자 침묵하는 이 아이 때문에 마치 98%만 재미있는 수업인 것 같았다. 나는 부족한 2%를 어떻게든 채우고 싶었다.

어느 날 왜 발표를 하지 않는지 아이에게 슬쩍 물어봤다. 아이는 가슴이 두근거려서 도저히 발표를 못 하겠다고 했다. 학부모는 아이가 선생님을 정말 좋아해서 학교 가는 시간만 기다린다고 했다. 이해할 수 없었고, 어떻게든 이 아이를 바꿔놓고 싶었다.

이 아이는 5학년이 될 때까지 친구들이 듣는 데서는 자기 이름도 말해본 적이 없는 매우 내성적인 학생이었다. 온갖 방법을 동원하자, 2학기에 들어서면서 이 아이도 손을 들어 발표도 하고 자신의 의견을 조금씩 이야기하게 되었다. 나는 아이의 성격과 수업에 참여하는 태도가 개선되었다고 믿었다. 그러나 아이는 다음 해에 다시 말 없는 아이로 돌아갔다.

아이의 부끄러움을 개선했다고 생각했지만 그것은 개선이 아니라 내 틀에 억지로 아이를 끼워 맞춘 것이었다. 교사로서의 열정이 학생에 대한 이해보다 앞서 있었고, 학생을 교사의 틀에 맞추기 위해 열심히 노력했기 때문에 생긴 일이었다.

아이들 하나하나의 개성을 이해하고 인정하기까지 나에게는 많은 시간이 필요했다. 아이들의 무궁무진한 가능성이 이 다름에서 온다는 것을 깨닫게 된 후로는 아이들에게 같음을 강요하는 일이 없어졌다. 조용한 아이는 조용한 대로, 활발한 아이는 활발한 대로 나름의 방식으로 배우고 있다는 것을 깨달은 것이다.

그때 그 아이를 지금 다시 만난다면 나는 발표를 하라고 부추기지 않을 것이다. 많은 아이들 앞에서 어떻게 생각하는지 큰 소리로 말할 것을 강요하지도 않을 것이다. 대신 공책에 의견을 적어보게 하고, 마음의 준비가 되었을 때 읽어보게 할 것이다. 부담되지 않게 쉬는 시간에 조용히 아이의 귀에 대고 잘했다고 속삭이거나 공책에 예쁜 글씨로 칭찬의 말을 적어줄 것이다.

때로는 교사의 뜨거운 열정이 아이를 가두는 틀이 될 수도 있다. 중요한 것은 아이를 있는 그대로 봐주고 인정해주는 자세가 아닐까 싶다.

아이들의 성격이나 기질의 다양성을 존중하기 위해서 교사가 가져야 할 마음가짐은 무엇보다 학생 개개인의 고유한 특성을 인정하고 받아들이는 것에서 시작된다. 그러기 위해서 다음 3가지를 잘 기억해야 한다.

내향적 VS 외향적 성격 모두 인정한다.

조용한 아이에게 '좀 더 적극적으로 노력해봐'라고 강요하지 않는다. 사람들 앞에서 말하는 게 부끄럽고 쑥스러운 학생이라면 글이나 그림으로 표현하게 하고, 교사가 대신 설명해주는 정도도 좋다. 활발한 아이에게 '조용히 하고 얼른 해'처럼 말하는 대신, 에너지를 긍정적으로 활용할 방법을 고민한다. 예를 들면 성격이 급하고 빨리 끝내는 데에 집중하는 학생은 과제 수행 정도가 교사가 제시하는 적절한 수준에 도달한다면 학습의 보조 교사, 학습 도우미로 활용하는 방법이 있다.

사고 과정이 저마다 다르다는 걸 인정한다.

빠르게 답을 찾는 아이가 있고, 천천히 깊게 생각하는 아이가 있다. 모두 가치 있고 존중받아야 한다. 논리적으로 접근하는 아이와 직관적으로 답을 찾는 아이가 있다고 생각하면 아무래도 학생을 대할 때 조금 더 이해하는 마음이 생긴다. 창의적으로 톡톡 튀는 아이와 체계적이고 구조적으로 분석하듯 생각하는 아이가 다르다는 부분도 인정하게 된다. 아이들마다 강점이 서로 다르다는 걸 이해하면 한결 학생들을 부드럽고 유연하게 대할 수 있다.

정답은 하나가 아니라는 말을 자주 들려준다.

배움에는 정답에 가장 가까운 답이 있을 뿐, 세상 모든 것은 언제든 정답이 아닌 것으로 변할 수 있다. 2006년 국제천문학연맹에서 명왕성은 행성이 아니라고 발표한 다음부터 내내 태양계 행성이었던 명왕성은 더 이상 행성이 아니게 됐다. 정답이 하나가 아닐 수 있고, 다양한 의견이 있을 수 있고, 서로의 생각이 다를 수 있다는 것을 자주 강조하자. 세상의 정답은 정말로 다양하니까.

수업 중 돌발 상황에
대처하는 법

어느 날 아침 자습 시간에 여섯 장 분량으로 "나는 담임이 싫다"라고 적은 일기를 읽었다. 평소에도 반항심이 드러나는 행동을 종종 하던 아이였다. 일기의 뒤쪽에는 욕도 꽤 많이 섞여 있었다. 머릿속이 하얘졌다. 나중엔 손이 떨려서 차마 끝까지 읽을 수 없었다. 그날 수업은 말 그대로 물 건너갔다. 이런 일 말고도 돌발 상황은 교실에서 자주 생긴다. 모둠 활동을 신나게 하던 아이들끼리 느닷없이 싸움이 나는가 하면, 갑자기 우는 아이도 있다. 그때마다 교사가 당황하고 난처해한다면 어떻게 될까. 수업은 번번이 산으로 갈 것이다. 교사가 무게 중심을 확실하게 잡고 버텨주어야 한다.

돌발 상황이 생기면 우선 수업을 멈추어야 한다. 울고 있는 아이, 화난 아이를 두고 수업을 그대로 끌고 갈 수는 없다. 우는 아이 하나의 마음도 들여다봐야 한다. 왜 울고 있는지, 화가 난 이유는 무엇인지, 관심을 보이되, 수선을 떨지 말자. 교사가 아이보다 더 당황해서도 안 된다. 최대한 차분하고 침착하게 상황을 파악해야 하고, 수업이 도저히 안 되는 상황이면 해당 학생 이야기를 충분히 들어줘야 한다. 세수하고 와서 이야기하거나 쉬는 시간에 다시 이야기하는 게 좋다. 잠시 간격을 둔 다음 이야기하면 격앙되었던 감정과 흥분이 가라앉기 때문이다. 당장 해결해야 할 문제라면 짧고 간결하게 지도하고, 시간이 필요한 문제는 따로 상담한다.

필요한 경우, 추가로 다른 학생들과 함께 문제의 원인과 대책을 이야기하고, 해당 학생에게는 감정 조절 방법에 대해 지도한다. 이렇게 하면 수업 중단 시간을 최소로 줄일 수 있다. 교사가 유연해지는 만큼 돌발 상황에도 적절하게 대처할 수 있게 되는 것이다.

감정적으로 반응하는 것이 가장 큰 함정이다

고백하자면, 아이의 일기를 봤을 때 나는 '교사도 사람이다'라고 생각하며 아이를 내 마음에서 멀찌감치 떼어놓았다. 한동안 그 아이를 볼 때면 일기장의 욕설과 비난이 떠올라서 가슴이 쿵쾅거렸다. 학생에게 상처를 제대로 받았다. 그런데 이런 감정적 반응이 바로 돌발 상황에서 교사가 가장 피해야 할 함정이었다.

돌발 상황이 일어나면 교사도 사람이기에 당황하고 상처받을 수 있다. 하지만 그 순간 감정에 휩쓸리면 상황을 제대로 파악할 수도, 적절히 대응할 수도 없다. 나는 그 아이의 행동 뒤에 숨어 있는 진짜 이유를 찾으려고 하지 않고 단순히 상처받은 교사로만 반응했던 것이다.

졸업한 뒤 가장 먼저 찾아온 제자는 다름 아닌 그 아이였다. 선생님이 많이 보고 싶었다고 말하는 아이가 낯설게 느껴졌다. 일기장 사건에 대해 물어보자, 아이는 깜짝 놀라며 "제가요? 정말이요? 기억이 안 나는데…"라고 대답했다. 그제서야 깨달았다. 아이에게는 그저 순간의 감정 표출이었을 뿐, 나만 그 상처를 오래 간직하고 있었다는 것을.

아이가 수업에 집중하지 못하고 문제를 보일 때는 아이의 마음을 먼저 읽어야 한다. 왜 그러는지 들어줘야 하고, 스트레스가 많이 쌓였을 때는 제대로 화내는 법을 가르쳐줘야 한다. 감정을 조절하고 화를 제대로 내는 법을 가르쳐야만 아이가 마음에 분노를 담아두지 않는다.

아이가 어른에 대한 분노, 세상에 대한 분노, 자기를 괴롭히는 상대에 대한 분노를 마음에 담으면 누군가에게는 반드시 폭발하게 되어 있다. 폭발의 대상이 주변에 있는 약한 아이일 때는 학교 폭력이 되고, 교사일 때는 교사와 사사건건 엇나가게 된다.

특히 감정 기복이 심한 고학년 아이들을 대할 때는 순간적인 판단력과 세심한 지도가 반드시 필요하다. 무엇보다 화가 나더라도 때리거나 소리치지 않고 차분하게 자신의 마음을 가다듬고 심호흡한 다음 말하도록 지도해야 한다. 화났을 때 한 박자 쉬는 것은 어른에게도 어려운 일이다. 그래서 이런 부분에 충분히 공감하는 자세를 교사가 먼저 보여주어야 한다. 누군가 자신의 감정을 이해하고 공감해주는 것만으로도 이미 화의 대부분은 풀어진다는 것을 기억하자.

이러한 이해를 바탕으로 실제 수업 중 돌발 상황이 발생했을 때 수업 흐름을 유지하면서 부드럽게 대응하는 구체적인 방법을 살펴보자.

다른 학생들 먼저 안정시키기

보통 다른 친구가 소리를 지르거나 화를 내는 식으로 돌발 행동을 하면 나머지 학생들도 모두 놀라고 당황한다. 수업 분위기가 금방 어수선해지고 흐트러질 수밖에 없다. 이럴 때는 나머지 학생들에게 "잠깐만 조용히 자습하면서 기다려줘"와 같이 구체적으로 할 일을 알려준다. 그런 다음 당황하지 말고 돌발 행동을 한 학생에게

"괜찮아. 누구나 화나고 속상할 수 있어. ○○도 그런 거야. 선생님이 잠시 이야기할게"처럼 부드럽고 유연하게 말한다. 반 학생들이 전체적으로 긴장하거나 위축되지 않게 평온하고 담담하게 말하는 게 좋다.

화난 학생과 조용히 이야기 나누기

다른 아이들이 잘 듣지 못할 정도로 가까이 가서 대화해도 좋다. "무슨 일 때문에 그러니? 잠깐 이야기해볼까?"처럼 대화를 제안한다. 당장 문제가 해결되지 않는 경우가 훨씬 많기 때문에 일단은 무슨 일 때문에 돌발 상황이 벌어진 것인지, 상황을 파악하는 데에 집중한다.

교사의 말 예시

교사: 무슨 일이야? 왜 그래?

↓

교사: 어떤 일이 있었는지 선생님한테 말해볼래? (부드럽게 제안하는 식의 말하기)

교사: 지금 기분은 어떤데? (어떤 감정인지 말해보게 한다. 그래야 학생 스스로 자신의 감정이 어떠한지 생각할 수 있다.)

교사: 그래, 선생님도 그런 일이 있었다면 화났을 것 같아. 네 마음 선생님

도 충분히 이해해. (공감을 표현한다.)

보통 학생들은 이런 상황에서 자신의 잘못이나 실수를 인정하지 않는다. 대부분은 "○○이가 먼저 그랬어요" "○○이가 놀렸어요" "○○이가 무시해서 화났어요" "○○이가 저한테 못한다고 해서 그랬어요" 등의 감정적인 불편과 불만을 말한다. 이때도 양쪽 의견을 똑같이 들어야 하고, 학생에게 선생님이 끝까지 들어줄 거라는 믿음을 줘야 한다.

교사: 그래. 선생님이 ○○이 이야기도 들어볼게. 하지만 (감정을 가라앉히는 게 먼저다.) 지금은 수업하던 중이었으니까, 하던 거 마저 하고 이따가 쉬는 시간에 이야기 나눠보자. (바람직한 해결 방법을 제안한다.)

나만의 수업 브랜드를
만들어라

젊은 교사들에게 수업에 대해 물어볼 기회가 있었다. 1년 차부터 4년 차까지 15명의 교사들이 생각하는 좋은 수업은 다양했다.

"아이들이 재미있어하는 수업입니다. 아이들이 수업을 재미없어하면 저도 재미가 없고 수업도 하기 싫어져요."

"아이들에게 관심을 갖는 수업이 아닐까요? 아이들에게 관심을 갖고 따뜻하게 대하는 수업이야말로 좋은 수업이라고 생각합니다."

"아이들이 서로 협력하고 함께 해결하는 수업이요. 교사가 일방적으로 지식을 전달하는 것보다 문제 해결 과정을 서로 공유하는 수업이 좋은 수업인 것 같아요."

"아이들 앞에 서기 전에 미리 준비하고 연구하는 수업이요. 평소에는 하루가 어떻게 가는지도 모르게 금방 가버려서 수업을 준비하거나 생각할 여유조차 없이 아이들 앞에 설 때가 많거든요."

나는 교사가 전문가라고 믿는다. 한 명 한 명의 의사가 환자들에게 전문가로 인정받듯이 교사도 그렇다고 믿는다. 전문가의 의견은 그만큼의 권위와 신빙성을 갖는다. 이들이 말한 어떤 답도 틀리지 않았단 뜻이다. 돌아보면 나는 저경력 교사였을 때 어떤 수업이 좋은 수업인지조차 생각해보지 않았던 것 같다. 막연하게 아이들이 좋아하는 교사가 되면 수업도 알아서 잘 풀릴 거라고만 생각했다.

수업에 대해 관심이 있는 교사라면 좋은 수업이 무엇인지 고민해야 한다. 수업에서 자신만의 화두, 자신만의 수업 브랜드를 가져야 한다. 앞의 예처럼 재미, 관심, 사랑, 협력, 토론, 준비 등 어느 한 가지 나만의 자신 있는 수업 브랜드를 갖고 있어야 그 분야에 관심을 갖고 노력하게 된다.

수업의 주제와 흐름을 고민하자

'내 수업 브랜드는   이다'라는 문장은 그 어떤 것도 다 들어갈 수 있는 열린 문제다. 수업에 대해 모든 가능성을 열어두고 자신만의 주제를 찾는 것이다. 다른 사람이 만든 수업 자료를 그대로 갖다 쓰는 것에 익숙해지면 자신 있게 말할 나만의 것이 없게 된다. 결국 수업을 통해서 교사 자신이 성장할 수 있는 기회를 놓치고 계속 제자리걸음만 하게 되는 것이다.

교사는 자신이 관심을 갖고 있는 수업의 주제에 대해 고민하고 수업에 적용하고 발전시키기 위해서 아낌없이 시간을 투자해야 한다. 역량을 갖추기 위해 연수를 듣고, 꾸준히 배우고, 책도 읽어야 한다.

융합, 프로젝트, 토론, 독서, 행복, 협동처럼 수업의 흐름을 결정짓는 주제를 가지고 있으면 어떤 교과든 그에 맞게 고민하고 기획할 수 있다. 즉, 수업에서 나만의 브랜드를 갖는다는 것은 수업을 기획하는 남다른 큰 틀을 갖게 된다는 것을 의미한다. 남다르게 내세울 수 있는 수업 브랜드가 있으면 어떤 교과에든 자신 있게 적용할 수 있다.

융합에 관심이 있는 교사는 수학과 과학을 융합으로, 도덕과 과학을 융합으로 어떻게 수업할지 고민할 것이다. 이때는 내가 자신 있는 교과가 사회인지 도덕인지가 중요한 것이 아니라 어떻게 융합을 시도할 것이냐가 중요해진다. 이런 교사라면 과학 수업에서 도덕적인 가치관과 윤리를 이야기하기 위해 다양한 인터넷 기사와 신문 자료들을 읽을 것이다. 이 교사와 수업을 하는 학생들은 분명 다른 학급에서 배우는 아이들보다 과학적 가치관과 윤리의식에 대해 한 번 더 고민할 것이다.

스토리텔링을 잘하는 교사라면 다양한 교과목에서 스토리텔링을 시도할 것이다. 아마도 그에게는 수업에 적용하는 남다른 스토리텔링 노하우가 있을 것이 분명하다. 이런 학급에서 공부하는 아이들은 이야기를 귀 기울여 듣고 생각하는 것에 익숙할 것이다.

주제 중심 프로젝트 수업에 관심이 있는 교사라면 학생들이 서로 어떤 대화를 나누는 것이 효과적이었는지, 어떤 방법으로 모둠을 세웠는지, 무엇이 아이들에게 적절한 소통 방법이었는지 파악할 것이다. 아마도 그런 교사라면 다음 수업에서도 분명 한 걸음 더 나아가 있을 것이다.

관심 있고 자신 있는 하나의 교과를 중심으로 수업을 계속 기획하면 교수·학습의 효율적인 수업 전략에 익숙해진다. 이렇듯 특정 교과에서 돋보이는 수업 기술은 수업 연구 몇 번으로도 내 것으로 만들 수 있다. 그렇지만 수업의 주제와 흐름을 고민하면 모든 교과를 대상으로 수업 기획의 대상과 폭을 넓힐 수 있다. 따라서 학생들에게 질 좋은 수업을 하기 위해서는 특정 교과에만 관심을 갖기보다는 내 수업의 브랜드를 만들어나가기 위한 고민을 하는 것이 더 바람직하다.

나만의 수업 브랜드를 찾아낼 때까지 여러 가지 다양한 주제에 도전해보자. 다른 사람의 수업 자료를 얻어서 쓰는 교사가 될지,

자신 있게 나만의 주제로 수업을 기획하는 교사가 될지는 수업 브랜드를 갖고 있는가에 따라 결정된다. 나의 수업 브랜드를 가진 교사라면 그 어느 것에도 흔들리지 않고 자신의 길을 묵묵히 간다. 그런 교사라면 분명 자신의 브랜드에 맞게 수업을 기획할 수 있다는 것을 명심하자.

2장

◦ **2단계 수업 설계** ◦

수업의 뼈대를
단단하게 세워라

잘 가르치려면
끊임없이 배워야 한다

첼리스트 장한나가 하버드 대학교 철학과에 다시 입학했다는 기사를 읽은 적이 있다. 어릴 때부터 세상을 놀라게 했던 그가 성인이 되어 음악을 더 잘 이해하기 위해 선택한 것은 뜻밖에도 철학이었다. 그는 첼리스트 장한나를 넘어서 세계적인 지휘자 장한나가 되었다.

인터넷에 떠돌던 흉측한 발 사진의 주인공인 발레리나 강수진은 한국어, 독일어, 프랑스어, 튀르키예어, 영어 등 5개 국어를 구사한다. 그는 춤추는 나라의 문화를 더 깊이 이해하기 위해 독일어와 프랑스어를 배웠다. 발레를 더 잘하기 위해서 그 나라의 말을 완벽하게 익혔다는 강수진은 세계 최고령 발레리나로 은퇴했다.

장한나는 철학을 배우지 않아도 최고의 첼리스트였고, 강수진은 여러 나라 말을 익히지 않아도 이미 최고의 발레리나였다. 그러나 그들은 자신이 하는 일을 더 잘 이해하기 위해 남들이 가지 않는 길을 서슴없이 선택했다. 더 깊이 이해하고, 더 크게 생각하기 위해 한 걸음 더 노력했다.

세계적인 인물이 되기 위해 늘 새로운 생각과 도전을 시도하는 사람들을 떠올려본다. 많은 사람이 교사가 이런 인물을 길러내는 사람이라고만 생각한다. 물론 그렇기도 하다. 하지만 교사는 그들을 길러내기 때문에 훌륭한 것이 아니다. 좋은 코칭을 하기 때문에 위대한 것이 아니라, 바로 그런 이들을 닮아 있기 때문에 위대하다.

교사는 누구보다 창조적이고 아름다운 일을 하는 사람이다. 사람을 상대로 가장 가치 있는 일을 하기 때문이다. 교사는 그 무엇보다 자신이 교사라는 사실에 자부심을 가져야 하고, 매 순간 얼마나 가치 있는 일을 하고 있는지를 잊어서는 안 된다. 좋은 수업, 좋은 교사, 창조적이고 훌륭한 가르침, 이 모든 것은 바로 자신이 교사라는 사실, 교사의 깊은 내면에서 출발한다. 그렇기 때문에 늘 왜 수업을 하는지, 내가 교사라는 것이 무엇을 의미하는지 되새겨보고 호흡을 가다듬어야 한다. 그런 고민이 없다는 것은 수업에 있어 치명적인 1cm를 놓치는 것과 같다.

좋은 교사가 되기 위해 내면을 갈고닦는 법

교사로서의 자존감을 높이고, 스스로의 삶을 따뜻하게 꾸려가기 위해 할 수 있는 몇 가지 방법을 소개한다. 첫째, 깊이 있는 학습을 위해서 노력해야 한다. 심도 있는 학습이야말로 학생의 성취를 높여줄 수 있다. 열정적이고 창의적인 학습을 장려할 때 비로소 우리는 수업에서 참된 기쁨과 보람을 느낄 수 있다. 깊이가 없는 얕은 지식은 금방 그 한계가 드러난다. 응용문제에서도 힘을 발휘하지 못한다. 살짝 맛만 보고 끝나는 공부로 그칠 것이 아니라, 학생들이 자신의 삶과 문제를 파고들어 고민해볼 수 있도록 기회를 주고 격려해야 한다. 수업에서도 문제를 끝까지 파고들 힘을 길러주어야 한다. 많은 문제를 빨리 풀고 끝내는 게 아니라 한 문제라도 끝까지 파고드는 시간과 기회를 주어야 한다.

둘째, 창의성이 타고나는 것이 아니라고 생각해야 한다. 창의성은 학습의 다양성을 열어주는 열쇠와 같다. 타고나는 재능이 아니라, 학습에서 다뤄지는 모든 문제와 상황 속에서 다르게 생각하려는 태도이다.

여러 교수법에 대한 내용을 다루는 《최고의 공부》에서 폴 베이커 교수는 "창의성이란 설교, 과학 공식 또는 책이 될 수도 있고, 여러분이 직접 만들어내는 것일 수도 있어요. 체계적인 도로망, 먹음직

한 식사, 잘 운영되는 주유소 같은 것일 수도 있죠"라고 말했다. 미용사, 변호사, 역사가, 부동산 중개업자, 과학자, 공학자, 의사에 이르기까지 신선하고 혁신적인 것이라면 모두가 창의적인 일이라고 그는 이야기한다. 따라서 교사는 수업에서 학생의 배우고자 하는 순수한 호기심을 자극할 수 있는 다양한 방법을 찾아야 한다.

셋째, 교사가 먼저 공부해야 한다. 무언가를 배우고 싶다면 그 한 분야에 미쳐야 한다. 하나를 정해 끝까지 파고들어야 한다는 뜻이다. 다양한 분야에 관심을 가지고 끝없이 탐구하고 도전하는 자세로 노력해야 한다. 누구보다도 공부를 많이 해야 하는 사람이 바로 교사이고, 책을 많이 읽어야 하는 사람도 교사이고, 어떤 이보다 먼저 도전하는 사람 역시 교사여야 한다. 학생들에게 삶의 모델이 되고, 누구보다도 많은 영향을 주는 이가 바로 교사이기 때문이다. 배우는 것을 포기하고 노력하지 않을 때 우리는 교사임을 포기하는 것과 같다.

가르치는 것은 타고나는 것이 아니다. 다양한 분야에 관심을 갖고 끝까지 파고드는 자세로 매진할 때 우리는 비로소 남을 가르칠 수 있는 능력과 용기를 가질 수 있다. 교수들의 교수라고 불리는 켄 베인은 배움에 대해 이렇게 설명했다.

"세상에 쉬운 것은 하나도 없다. 성장하려면 열심히 노력해야 한다. 우리는 습관적으로 생각하고 행동한다. 배움이란 정신 속에 뿌리 깊게 박혀 있는 버릇들을 벗어던지는 것이다. 그러기 위해서는 스스로를 밀어붙이고, 도전을 멈추지 않으며, 의문을 던지려고 노력해야 한다.”

교사라면 좋은 수업을 위해 자신의 내면을 갈고닦아야 할 것이다. 그러기 위해서 일상적으로 실천하면 좋은 활동들을 몇 가지 소개한다.

매일 10분 성찰하기

퇴근하는 길에 오늘 수업에서 잘된 점, 아쉬웠던 점 하나씩을 메모한다. 개선할 방법을 찾아보고, 실제 적용 가능한 팁을 고민해본다. 학생들 반응을 피드백 삼아서 떠올려보면 좋다.

수업 관찰 품앗이하기

다른 교사의 수업을 관찰하고 공부할 기회가 주어진다면 그보다 더 좋은 것도 없다. 마음과 뜻이 맞는 교사와 함께 한 달에 한 번 수업을 관찰하고 함께 이야기를 나눠본다. 특정 학생을 정해놓고 그 학생의 발달과 성장 정도를 수업에서 꾸준히 지켜보는 것도 좋다.

교사 학습 공동체 적극 활용하기

같은 학년, 같은 교과, 같은 주제를 공유하는 교사가 함께 수업을 연구하고 이야기 나누는 것은 다른 교사의 가치관과 수업 방식을 배울 수 있는 매우 좋은 기회다. 오프라인상에서 만나는 것이 어렵다면 인디스쿨 같은 온라인 교사 커뮤니티를 적극 활용하면 된다. 지도가 어려운 학생에 대한 고민을 솔직하게 털어놓고, 학생 지도에 대한 조언을 구하는 것도 좋다. 다양한 의견을 들을 수 있고, 내가 미처 생각하지 못한 해결책을 찾을 수도 있다.

학생에게 묻기

교사는 어른이자 리더의 역할을 하기 때문에 학생에게 자신의 잘못이나 실수를 솔직히 드러내는 게 불편할 수 있다. 하지만 수업의 대상은 결국 학생이다. 수업에 대한 학생들의 의견을 들어야 교사도 성장할 수 있다. 나는 정기적으로 학생들에게 '선생님이 자주 하는 말' '선생님의 수업 방식에 대해 어떻게 생각하는가' '수업에서 어떤 부분을 선생님에게 건의하고 싶은가' '선생님과 수업했을 때 가장 인상적이고 좋았던 수업은 어떤 것이었는가' 등을 설문했다.

새로운 수업 기술과 활용 방법 배우기

AI 도구들을 활용하는 수업과 평가 등에 대해서 공부하고 연수할 필요가 있다. 에듀테크는 앞으로 대한민국 공교육을 선도해갈 것이다. 뒤처진 다음에 쫓아가기보다는 먼저 나서서 이것저것 도전해보는 것이 좋다.

교사로서의 교육 철학 정리하기

'나는 어떤 교사로 살고 있는가' '나는 앞으로 어떤 교사로 남고 싶은가' 등을 글이나 영상 등으로 정리해둔다. 교사로서의 철학이 없는 교사도 분명 있을 것이다. 그러나 철학이 있는 교사와 없는 교사는 하늘과 땅 차이다. 나는 이런 과정을 매년 했고, 그 모든 이야기를 글로 써왔다. 바로 이 책이다.

모든 교사에게서 배우려고 노력해보자. 존경하는 교사나 멘토와 이야기 나누고, 교육 철학을 가진 교사로 살아가기 위해 노력하는 것도 좋다. 하지만 가장 먼저 매일 만나고, 함께하는 옆 반 교사들에게 하나라도 배우자. 어떤 교사는 열정적이고, 어떤 교사는 웃음이 많고, 어떤 교사는 아이들과 잘 놀아주고, 어떤 교사는 교실 정리를 잘한다. 이 모든 걸 매년 하나씩만 배워간다면 어떤 교사가 될까. 그 교사의 미래가 보일 것이다.

교육 과정을 파고들 때 비로소 보이는 것들

가르칠 내용이 많으면 부담이 됩니다.
학습량이 많은 사회나 수학 같은 교과는 어떻게 수업해야 할까요?
평소 자신 없는 과목에서도 수업 잘하는 법을 알고 싶어요.
특히 교육 과정을 어떻게 이해해야 할지 궁금합니다.

스탠퍼드 대학교에선 탁월한 능력을 가진 교사들에 대한 공통점을 찾는 연구(1997)를 진행한 바 있다. 연구 결과는 그들의 공통점을 INSPIRE(인스파이어) 7개 알파벳에 압축해놓았다. 다음의 표를 보면 탁월한 교사의 첫 번째 특징으로 교과에 대한 전문적 지식을 이야기한 것이 인상적이다. 교사는 다양한 과목을 가르칠 수 있는 교수법은 물론이고 교과목에 대한 전문 지식도 갖추고 있어야 한다.

교사들을 상담할 때 자신 있는 과목은 재미있게 열심히 수업하는데, 자신 없는 과목은 대충 수업하게 된다고 말한 교사가 있었다. 국사에 대해 해박한 지식이 없기 때문에 사회 시간마다 고역이

"

<h1 align="center">탁월한 교사의 7가지 특징</h1>

I	**전문 지식이 있다.** (Intelligent)	교수 학습 방법 및 교과목에 대한 전문적 지식을 가지고 있다.
N	**따뜻하게 보살핀다.** (Nurturant)	양육과 같이 학생과의 공감대를 형성하기 위해 노력한다.
S	**소크라테스식이다.** (Socratic)	문답식 대화로 수업을 진행한다. 80~90%는 대화와 질문, 문답을 통해 수업을 진행하고 직접 정보를 전달하거나 설명하는 것은 5%의 비율로 수업을 진행한다.
P	**진보적이다.** (Progressive)	외부의 자극을 통해 한 단계 높은 수준으로 끌어올릴 수 있다고 믿는다. 이는 비고츠키의 근접발달이론이나 구성주의의 인지적도제이론과 그 맥을 같이 한다.
I	**간접적이다.** (Indirect)	직접적인 피드백이 아니라 간접적인 방법을 통해 스스로 학생들이 잘못된 부분을 깨닫도록 한다. 즉, 학생의 잘못을 즉석에서 수정하는 것이 아니라 또 다른 질문을 통해서 학생이 스스로 잘못을 찾아내고 깨닫게 한다.
R	**사려 깊다.** (Reflective)	질문을 통해 학습 과정에 대한 성찰을 거치게 한다.
E	**용기를 북돋는다.** (Encouraging)	학생의 동기적 측면을 강조한다. 동기 부여에 관심을 갖고 즐겁고 도전적이면서도 비권위적인 학습 환경을 구축해간다.

라고 한 교사도 있었고, 피아노를 잘 다루지 못해서 음악 수업 시간마다 인터넷에 나오는 노래를 틀어주고 끝낸다는 교사도 있었다.

초등학교에서는 학생들이 이후의 공부를 체계적으로 해나가기 위한 가장 기본적인 학습 내용을 다룬다. 언어 사용 능력에 초점을 두고 말과 글을 바르게 사용하는 국어, 연산의 기본 원리를 바탕으로 조금씩 수의 범위를 넓혀가는 수학, 민주 사회 시민으로서 알고 있어야 하는 기초적인 교양을 익히는 사회, 자연 과학 현상에 대한 기초적인 이해를 바탕으로 하는 과학 등 교과별로 추구하는 기본적인 목표가 정해져 있다.

총론을 자세하게 살펴보면 학교에서 다루는 교육 내용의 수준이 어느 정도인지 이해할 수 있다. 실제 수업에서 맞닥뜨리는 어려움은 교과의 내용이 어렵거나 복잡해서가 아니라 어떻게 가르쳐야 할지 감을 못 잡는 데서 온다. 교사가 지레 겁을 먹고 '나는 잘 모르니까' 혹은 '나는 잘 못하니까'라고 생각하고 미리 포기해버리는 것이다.

교사는 가르치는 모든 과목의 지도서를 충분히 읽고 어떤 것을 가르치고자 하는지 먼저 감을 길러야 한다. 그러기 위해선 학년에 따른 교육 과정의 체계와 목표, 교과서에서 다루고 있는 학습 내용에 대해 이해해야 한다.

수업의 프레임을 바로 세우는 일

국민 공통 교육 과정이란 우리 사회에서 살아가기 위해 반드시 필요한 것들을 추려서 묶은 것으로 대한민국 국민이라면 누구나 배우고 익혀야 하는 내용을 단계별로 정리한 것이다. 교육학자이자 교육 실천가인 서근원 선생님은 이때 학습이나 신체에 장애가 있는 학생은 배려되지 않는다고 지적했다. 교육 과정은 해당 일수를 계획대로 채우면 모든 학생이 같은 수준에 도달할 것으로 기대하기 때문이다.

학교 교육은 모든 학생이 정해진 수업 일수 안에 교육 과정의 학습 내용을 다 익히는 것에 초점이 있기 때문에, 이 과정에서 학습 속도가 느린 학생이 도태되는 것은 당연하다. 부진 학생은 계속 생기지만 이들을 구제할 책임은 오로지 교사에게만 주어진다. 같은 교과서로, 같은 방법으로, 같은 시간 안에 배우는 것이 모든 학생에게 적합한 것은 분명 아닐 것이다.

그러나 교육 과정을 재구성하고 융합하여 운영할 때는 숨통이 조금 트인다. 교사가 학생의 수준에 맞게 수업을 구성해갈 수 있는 부분이 바로 여기에 남아 있기 때문이다. 교사는 그래서 교육 과정을 이해하고 있어야 하고, 꿰뚫다시피 살펴야 하며, 필요한 경우 교육 과정의 틀을 과감히 깨고 새로이 틀을 조합할 정도의 역량이 있어야 한다. 이것이 바로 교사의 진정한 수업 역량이다.

교육 과정의 총론을 살펴보면 학년별, 학교급별로 달라지는 교육 내용을 이해할 수 있다. 총론이 추구하는 방향과 실제 학년별 교육 과정의 체계를 살펴보고, 내가 가르치려는 학습 내용이 어떻게 구현되어 있는지 살펴본다. 교과서는 교육 과정의 목표에 가장 쉽게 도달할 수 있도록 만들어진 교재다. 그러나 교과서는 쉬운 내용에 필요 이상 긴 시간을 할애하게 만들거나 불필요한 내용을 포함하고 있다. 교과서가 항상 옳은 것이 아니라는 뜻이다.

교육 과정 전체를 조감할 수 있는 능력을 갖춘 다음에야 교과서를 보는 눈을 가질 수 있다. 또한 필요에 맞게 수업의 틀을 새로 짜맞출 수 있는 능력 역시 교육 과정을 제대로 파고들었을 때에서야 비로소 가질 수 있다. 가장 적절한 수준으로, 가장 적합한 교재를 이용하여, 가장 좋은 교육 과정을 꾸려가는 것은 국가가 모두에게 똑같이 주는 것이 아니라 교사가 자신의 교실에 맞게 만들어야 하는 것이다.

교과서를 넘어서야 한다

교과서의 불필요한 부분은 과감히 생략하고, 다른 부분으로 대체할 수 있어야 하며, 필요에 따라서는 학생의 수준에 가장 적합한 형태로 수업을 융통성 있게 구성해야 한다.

예를 들어 음악 감상 수업을 준비한다면, 교과서로 끝내는 것이 아니라 한 걸음 나아가 주제에 맞는 다른 음악은 무엇인지 찾아보고, 이를 어떻게 감상할지 생각해본다. 교과서 감상법은 음악을 들은 후 떠오르는 느낌을 모양이나 선으로 표현하게 한다. 그러나 여기에 그치지 않고 아이들이 좋아하는 데칼코마니나 마블링처럼 대치할 다른 방법을 생각해보는 것이다. 물론 처음에는 이런 시도가 어설플 수도 있다. 그러나 이렇게 엉뚱하고 말이 안 되는 것처럼 느껴지는 시도야말로 수업에서 교사의 창의성을 발휘할 수 있는 기회다.

교사가 이렇게 저렇게 생각해보고 고민하지 않으면 결코 수업은 과거에서 단 한 발짝도 나아가지 않는다. 교사가 끝없이 다양한 방법을 시도하고 도전할 때, 견고하게만 보이던 교육 과정의 틀은 비로소 말랑해지기 시작한다. 동학년이나 교과 연구회 교사들과 이런 노하우를 나눈다면 함께하는 교사 모두가 성장할 수 있는 좋은 기회가 될 것이다.

다음은 교실에서 실제로 시도했던 수업들 중 학생들의 반응이 좋고 수업하면서 교사도 즐거웠던 것만 추려보았다.

수업에서 역할을 바꿔본다.

예를 들면 학생이 선생님이 되거나 선생님이 학생이 되는 식이다. 학생들의 반응은 폭발적이다. 아이들이 직접 수업을 준비해서 친구들에게 가르쳐보게 한다. 어려운 수학 개념을 친구들이 이해할 수 있게 설명하는 방법을 고민할 수밖에 없다. "만약 네가 선생님이라면 이걸 어떻게 가르칠래?"라는 질문을 던지면서 이끌어주면 된다.

선생님이 학생이 되는 것도 비슷하다. 교사가 학생의 역할을 한다. 일부러 모르는 척하며 학생들에게 질문하고 배우는 자세를 보인다. "와, 이거 정말 어렵네. 누가 도와줄래?" 하며 학생들을 전문가로 대한다. 나는 가야금을 학생들에게 배웠다. 실제로 학생들의 설명을 들으며 "아, 그렇구나!" 하고 진짜로 배우는 모습을 보여주었는데, 학생들이 매우 좋아했다. 기꺼이 교사를 가르치겠다고 나서는 모습에서 나도 무척 행복했다.

스토리텔링 형태의 수업을 구성한다.

수업 내용을 이야기로 만들어서 진행하는 것인데, 수학처럼 어려운 과목도 이렇게 접근하면 학생들이 무척 흥미로워한다. "선생님이 전에 마트에 갔는데 말이야. 마트 카트에 ○○kg 이하 어린이만 탈 수 있다는 거야" 이런 식으로 일상 생활에 살짝 스토리만 입혀도 학생들은 호기심을 갖고 듣는다.

과학 실험을 할 때도 마치 탐정처럼 "우리가 범인을 찾기 위해 증거를 수집해보자" 하는 식으로 진행한다. 역사 수업은 타임머신을 타고 그 시대로 가보는 콘셉트로 몰입감을 높일 수도 있다. 이런 내용들을 복잡하게 고민할 필요가 없는 것이, 교사가 몇 번 시범을 보이면 나중엔 학생들이 직접 스토리를 만들어낸다. 학생들의 스토리를 바탕으로 교사는 수업을 진행하면 된다. 배운 내용을 바탕으로 짧은 동화나 만화를 만들어도 좋다. 예를 들면 '분수 나라에 간 다솜이 이야기' 같은 식이다. 친구들 앞에서 자신이 만든 이야기로 개념을 설명하게 하면 한층 더 이해가 심화된다.

게임과 놀이를 활용한다.

게임과 놀이를 활용한 수업은 모든 학년에서 다 좋아한다. 보드게임식 학습도 좋고, 교실 바닥에 큰 게임판을 그려놓고 몸으로 직접 말이 되어 이동하며 문제를 풀게 하거나 팀별로 미션을 수행하며 단계별로 레벨 업하는 RPG식 수업도 흥미롭다. 앞에서 언급한 것처럼 뮤지컬, 연극, 신문 만들기 같은 다양한 활동으로 확장하면 많은 교과가 융합되는 형태의 수업을 자연스럽게 기획하고 실천할 수 있다.

실생활과 연결해 수업을 진행한다.

수학 시간에 학교 운동장 넓이를 실제로 걸어다니면서 재보게 했는데, 학생들이 지칠 줄 모르면서 즐거워했다. 과학 시간에 학교 숲(화단 등) 식물을 관찰하고 도감 만들기 프로젝트를 했을 때도 학생들이 좋아했다. 도감을 만들기 위해서는 관찰해야 하고, 채색해야 하고, 글을 써야 하고, 꾸며야 한다. 모든 교과가 한데 녹아들어가는 것이다. 그 밖에 미니 창업가 프로젝트로 학급에서 작은 가게나 부스를 운영하며 경제 개념을 배우게 해도 좋다. 우리 반 화폐를 학생들과 직접 만들어서 모든 활동에 활용해도 좋다.

융합 형태의 수업을 시도해본다.

융합이라고 하면 거창해 보이지만, 실제로는 우리 생활 속의 모든 것이 융합이다. 과학만 따로, 디자인만 따로 있는 제품이 어디 있나. 모든 제품에는 과학, 디자인, 예술, 감각, 글 등이 녹아 있다. 구구단을 노래나 랩으로 만들어 부르는 것도 좋고, 과학 실험 과정을 노래 가사로 표현해보게 해도 좋다. 요즘 유행하는 아이돌 노래에 가사만 바꾸어서 산화 과정을 설명했던 학생들이 있었는데, 교사가 수업 시간에 열심히 설명한 것이 한순간에 이해되는 걸 보고 신기했다.

중요한 건 이런 창의적 수업도 명확한 학습 목표가 있어야 한다는 것이다. 재미만을 위한 활동이 아니라, 아이들이 더 깊이 이해하고 오래 기억할 수 있도록 돕는 방법이어야 한다. 처음에는 작은 것부터 시도하되, 학생들의 반응을 보면서 점차 확장해나가면 좋다.

수업 효율을 높이는
교실 환경 만들기

수업을 하기 위한 최적의 교육 환경은
어떤 모습일까요?

수업을 위해 갖춰야 할 교육 환경은 크게 내적인 환경과 외적인 환경으로 나눌 수 있다. 먼저 내적인 환경은 학생들이 수업에 참여할 때의 학습 분위기를 말한다. 즉, 학생이 최상의 컨디션을 갖고 참여하며, 자신이 가지고 있는 역량을 충분하게 발휘할 수 있도록 허용적이고 편안한 분위기를 조성하는 것을 의미한다.

틀려도 주눅 들지 않으면서 수업에 참여할 수 있는 분위기, 어떤 말이든 자신 있게 할 수 있는 분위기는 교사가 만든다. 교사가 많이 웃고 행복한 교실에서 학생도 편안하다. 어떤 말이든 수용해주는 분위기야말로 학생들이 편안하게 공부할 수 있는 내적인 환경이다.

외적인 환경은 수업을 위한 공간 활용을 말한다. 수업을 편하게 진행하기 위해서는 학생들이 앉아 있는 자리 배치부터 칠판 활용 및 게시물에 이르기까지, 모든 것을 학생들의 입장에서 생각하고 꾸며야 한다. 그러려면 먼저 다음의 4가지를 살펴봐야 한다.

- 공간을 최대한 활용할 수 있어야 한다.
- 주변이 깔끔하게 정리되어야 한다.
- 필요한 경우 언제든지 얼굴을 마주 보고 이야기할 수 있도록 유동적으로 자리를 배치해야 한다.
- 교사와 학생이 눈을 마주칠 수 있어야 한다.

다수의 학생이 활동하기에 교실은 그다지 넓지 않다. 한정된 공간을 최대로 넓게 활용할 방법을 고민해야 한다. 동선을 확인하여 평소에 학생들이 돌아다닐 때 방해가 될 물건이 없도록 책상과 의자 주변에 일체의 물건을 놓지 않도록 지도한다. 보조 가방은 물론이고 학생의 기본적인 소지품도 모두 사물함에 들어가 있도록 하여 학생들이 이용하는 최대의 공간을 확보해야 한다.

주변이 정돈되면 학생의 활동이나 교사의 활동 모두 편해진다. 교사가 교실을 순회할 때 발에 걸리는 물건이 있어서도 안 된다. 교사가 이동할 때 편하면 학생 역시 마찬가지다. 교실 안은 늘 정돈된 상태로 유지해야 한다.

학생의 시선을 빼앗는 물건이 벽에 붙어 있지 않도록 한다. 어떤 학급에서는 학생들이 어떻게 교사에게 집중할까 싶을 정도로 칠판이나 교실 옆 벽면에 게시물이 많은 경우가 있다. 학생의 시선을 교사에게서 뺏는 물건이 없도록 깔끔한 상태를 유지한다. 칠판과 앞면에는 가급적 게시물을 붙이지 않고, 벽에도 학생의 눈길을 끄는 물건이 붙어 있지 않도록 한다. 주의를 흩뜨려놓을 일체의 사물을 배제하는 것이다.

교실에서 할 수 있는 가장 나쁜 자리 배치는 학생이 교사를 등지고 앉는 것이다. 학생들은 언제나 교사를 바라보기에 가장 좋은 상태로 학습해야 한다. 교사에게 등을 돌린 상태에서 수업하는 것은 라디오에서 흘러나오는 이야기를 듣는 것과 다르지 않다. 수업

좋은 자리 배치의 예

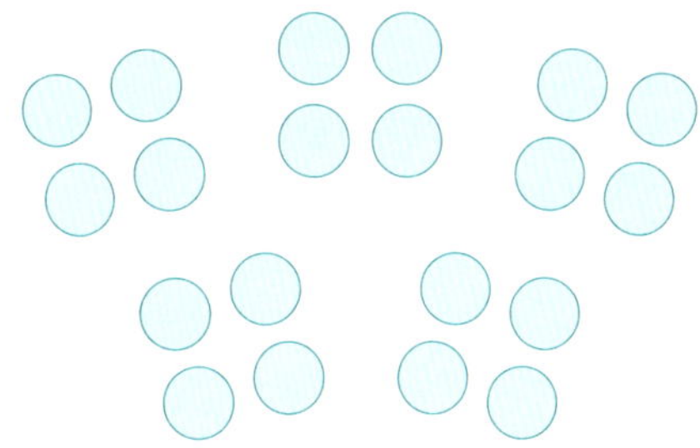

앉았을 때 학생끼리 겹쳐지지 않아서 교사와 학생 상호 간의 시야를 방해하지 않는다.

뿐 아니라 평소에도 교사가 놓치는 학생이 있어서는 안 되고, 학생은 어떤 자리에서도 교사를 제대로 볼 수 있어야 한다.

수업에 따라서 분단 형태가 적합하기도 하고, 모둠 형태가 적합하기도 하다. 예를 들면 사회 시간에 전체 학생을 대상으로 설명할 때는 한 줄로 앉아서 교사를 보고 있는 게 좋다. 때로는 얼굴을 마주 보면서 토의를 해야 할 때도 있으므로 이럴 땐 U자 형태가 되어야 한다. 이런 내용을 학생들과 사전에 약속해두면 "수학 자리로 이동~" 하고 한마디만 해도 학생들이 알아서 수학 수업 시간의 약속된 자리로 이동한다.

아이들이 헷갈리거나 뒤엉키는 일이 없도록 사전에 연습해두는 것도 중요하다. 나는 학기 초에 이런 부분을 미리 연습시켰고, 학생들은 교사의 지시 한마디면 자리를 바꿀 수 있을 때까지 반복해서 연습했다.

특히 빠르게 이동하려면 의자를 질질 끌면 안 된다. 이동하는 시간이 길어도 안 좋다. 이동은 신속하고 정확하게 해야 하고, 모둠 자리에서 분단으로 간다든가, 다시 분단에서 모둠으로 간다든가 하는 경우에도 마찬가지로 신속하게 이동할 수 있도록 지도한다.

3장

학생을 수업의
중심에 놓아라

교사의 질문이
좋은 수업을 만든다

수업 시간에 아이들에게 질문을 던지면
제가 하는 말을 못 알아들을 때가 많습니다.
좋은 질문이란 어떤 것인지,
아이들에게 어떻게 물어봐야 효과적인지 궁금해요.

수업 경험이 미숙한 교사의 발문에는 공통적인 특징이 있다. 경험이 부족한 교사일수록 발문이 길고 한 번의 발문으로 답을 얻으려고 한다. 그러나 짐작하다시피 학생의 수준은 그야말로 천차만별이다. 대충 물어도 그럴싸한 답을 내놓는 학생이 있는가 하면, 어떤 학생은 질문 자체를 이해하지 못한다.

학생의 수준이 고려되지 않는 발문은 학생들에게 아무런 도움이 되지 못한다. 질문과 답을 통해 생각이 넓어지는 것이 아니라 거꾸로 학생들이 사고를 중단하고 질문이 무슨 뜻인지 생각해야 하기 때문이다. 따라서 수업 시간에 학생들에게 꼭 해야 한다고 생각되는 핵심 질문을 미리 계획한 다음 수업을 진행해야 한다.

수업에서 핵심이 되는 내용은 교사가 몇 번이고 되물어 학생들이 완벽하게 이해하고 숙지할 수 있도록 한다. 그 과정에서 놓치는 학생이 없도록 학생의 수준에 맞는 쉬운 용어로 물어야 한다. 특히 어려운 용어를 쉬운 말로 풀어서 설명할 수 있어야 하고, 쉽게 또는 어렵게 자유자재로 발문할 수 있어야 한다.

3학년 도덕을 전담으로 가르칠 때 교과서에 '진정한 감사'라는 단원이 있었다. 그런데 학생들은 '진정한'이란 단어의 뜻조차 모르고 있었다. 나는 아이들에게 '진정한'이 무슨 뜻인지 질문을 통해 추측해보게 했다. 그런 다음, '진정한'은 '진실한'과 같은 뜻이고, '진짜' 같은 단어와 바꿔 쓸 수 있다고 풀어서 설명해주자, 학생들은 그제야 이해했다.

좋은 질문의 4가지 기준

교사가 학생들을 대상으로 좋은 질문을 하기 위해서는 몇 가지 기준을 갖고 있으면 좋다.

첫째, 길게 묻는 습관이 있는가. 학생들은 긴 질문을 들으면 앞의 내용을 뒤에서 잊어버린다. 안타깝지만 교사가 아무리 수준 높은 질문을 하더라도 질문이 길어지면 그 질문에 대해서는 극히 일부의 학생들만 이해한다. 언제나 짧고 간결하게, 핵심을 질문해야 한다.

둘째, 즉답을 요구하지 않는가. 즉답은 좋은 생각이 아닐 때가 많다. 충분히 생각한 다음 답할 수 있도록 사고할 시간을 넉넉하게 주어야 한다. 교사가 즉답을 피하고 대기 시간을 줄 경우 학생의 응답을 늘릴 수 있고, 다양한 답을 기대할 수 있다.

셋째, 수렴적 질문과 확산적 질문을 적절하게 응용하는가. 수렴적 질문은 정답 여부를 쉽게 확인할 수 있는 질문으로 'study의 뜻이 무엇인가?'와 같이 답이 바로 나올 수 있는 질문이다. 확산적 질문은 하나의 답이 아닌, 개방적인 답을 원한다. 수업 내용에 따라 수렴적 질문과 확산적 질문을 적절하게 섞는 것이 좋다.

넷째, 잘못된 대답이어도 스스로 깨닫고 고칠 수 있도록 학생에게 질문을 통한 수정과 보완의 기회를 주는가. 한 질문에 대해 최대한 여러 명의 답을 들어보아야 어느 부분이 잘못되었는지 학생들 스스로 느낄 수 있다. 질문을 한 다음에는 여유를 갖고 학생들의 다양한 생각을 수용하도록 한다.

교사가 학생에게 질문할 때는 의도적이고 계획적이어야 한다. 좋은 질문을 위해서는 부단한 연습이 필요하다.

발문하고 적어도 5초는 기다려야 한다

교사가 발문한 다음 기다리는 시간을 대기 시간*Wait Time* 이라고 한다. 일반적으로 교사가 새로운 질문을 하거나 한 학생이 발표하고 다음 학생이 발표하기까지 기다리는 시간을 대기 시간으로 본다. 1972년에 메리 버드 로*Mary Budd Rowe* 가 연구한 결과에 따르면, 교사가 최소 3초의 대기 시간을 허용하면 교실에선 여러 가지 긍정적인 변화가 일어난다고 한다. 고작 몇 초인데도 말이다. 학생의 생각이 정리될 때까지 적어도 몇 초의 시간은 기다려주는 여유를 갖고 수업을 하자.

생각의 속도가 느린 학생들의 의견까지 듣기 위해 교사는 기다려야 한다. 한 가지 질문에 여러 명의 생각을 듣고 함께 이야기를 나누고 생각해보는 것이다. 발문 후 여러 명의 의견을 들어보고, 다른 친구의 의견에 대해 어떻게 생각하는지 발표해보게 한다. 다른 사람의 생각을 생각해보는 것은 창의성을 기르는 가장 심도 있는 훈련 중 하나다.

수업의 흐름을 끊는 질문에 대처하기

수업 시간에 질문을 많이 하는 학생이 있다면 반가울 것이다. 그런데 시간을 끌기 위해 하는 불필요한 질문이라면 어떻게 해야 할까? 학생 중에는 일부러 질문을 던져 교사가 시간을 보내도록 의도적인 장난을 치는 경우도 분명 있다. 그러므로 수업을 산으로 가게 하는 질문에 대처하는 방법을 미리 생각해두어야 한다.

함께 생각해볼 심화 질문이라면 얼마든지 수용해야 하지만, 의도적으로 수업의 흐름을 끊기 위해 질문을 하고 있다면 이것은 전혀 다른 상황이다. 왜 수업 중 이런 행동을 하는지 학생과 깊이 있는 대화를 나누어야 하는 문제일 수 있다.

수업에서 미처 해결하지 못한 질문이 있다면 공책에 적어서 좀 더 생각해보게 하거나, 다음 시간까지 같이 알아볼 수 있도록 시간적 여유를 주는 게 좋다. 만약 수업과 전혀 상관없는 질문을 한다면 쉬는 시간에 따로 물어보도록 지도한다.

실제 수업 상황에서는 어떻게 대처해야 할까? 흥선 대원군의 척화비에 대한 수업을 하던 중 있었던 일이다.

교사: 흥선 대원군이 세운 척화비는 어떤 뜻이 있을까요?

학생1: 오랑캐를 막아내겠다는 뜻입니다.

학생2: 근대화를 하지 않겠다는 의지를 보인 것입니다.

학생3: 그런데 흥선 대원군은 젊었을 때 거지였잖아요? 거지가 왜 대원군이 됐어요? (수업 주제인 '척화비'와는 관계없는 질문이다.)

교사: 그래요. 흥선 대원군의 젊은 시절을 기억하고 있네요. (학생의 질문에
대해서 먼저 긍정적인 반응을 보인다.) 흥선 대원군은 젊었을 때 다
른 대신들에게 가서 구걸할 정도로 어렵게 지냈지만, 결국 아들인 고
종이 왕이 되기 때문에 대원군이 되는 거죠. (이미 학습한 내용이므로
간단하게 짚어준다.) 이 과정에 대해서는 지난 시간에 이미 배웠죠?
아마 ○○이도 알고 있을 거라고 생각해요. 혹시 기억이 안 나면 공
책을 참고하세요.

학생3: 그런데 거지가 대원군이 될 수 있나요? (다시 같은 질문을 반복하고
있다.)

교사: ○○이는 그 부분이 무척 궁금한 것 같구나. (질문에 대해 먼저 긍정
적인 반응을 보인다.) 그 부분은 이미 배웠던 거니까 이 얘기는 여기
까지만 하겠어요. 더 궁금한 것은 쉬는 시간에 와서 물어보거나 공책
에 적어놓으면 선생님이 답해줄게요.

이처럼 학생의 질문에 대해 긍정적으로 반응하면서도 수업의 흐
름을 지켜나가는 것이 중요하다. 장난이든 그렇지 않든 학생이 수
업 중에 물어보는 질문에는 교사가 늘 귀담아듣는 자세를 보여주
는 게 좋다. 학생들의 질문 중에는 엉뚱하거나 불필요한 질문도 많
아 보이지만 그 속에서도 창의성과 호기심이 커간다. 질문에 대해

서는 먼저 긍정적인 반응을 보이고, 그다음 질문의 처리에 대해 학

생들에게 분명하게 밝혀둔다.

수업의 나침반,
학습 목표를 설정하라

배움이라는 양식을 얻기 위해 숟가락을 쥐고 있는 것은 교사가 아니라 학생이다. 학생 스스로 무엇을 배우고자 하는지 끝까지 초점을 놓치지 않고 학습 목표를 바라보게 해야 한다. 함께 근무했던 선생님 가운데, 학습 목표를 공책에 쓰는 시간을 주는 선생님이 있었다. 선생님은 아이들에게 매시간 학습 목표를 빠짐없이 기록하게 했는데, 다음과 같은 식이었다.

나): 내가 생각하는 학습 목표

우): 우리가 정한 학습 목표

'나)' '우)'와 같이 약어를 적고 매 수업 시간마다 개인의 목표와 학급 전체의 목표를 구분하여 기록하는 방식이었다. 학습 목표에 대한 것을 떠올릴 때마다 그 반 학생들의 빼곡하고 깔끔하게 정리되어 있던 필기가 떠오른다. 목표가 뚜렷한 수업은 그렇지 않은 수업과 근본적으로 차이가 있다. 배가 바다에서 풍랑을 만나도 나침반만 제대로 작동하면 반드시 길을 헤쳐갈 수 있는 것처럼, 학습 목표를 놓치지 않으면 수업 시간에 다른 무엇보다 목표에 도달하기 위한 활동에 초점을 둘 수 있다.

수업 후에 무엇을 남길 것인가

과거의 수업은 교사가 학습 목표와 주제를 정해놓고 학생들을 이끌어갔다. 교사가 제시하는 학습 목표를 학생이 따라가는 식이었다. 이를테면 "이 시간에는 ~에 대해서 배워야 하니까 ~을 하자"라는 식이었다. 이런 수업은 주도권이 교사에게 있다. 저학년에서는 교사가 학생들을 인도하고 안내하는 것이 자연스럽다. 그러나 대상이 고학년이라면 이야기가 달라진다.

고학년에서는 그날의 학습 주제를 정한 다음 어떤 수업을 하면 좋을지 학습 활동을 결정하게 하는 학생 주도의 학습이 충분히 가능하다. 주제와 관련된 틀은 교사가 제시하되, 세부적인 학습 목표와 활동을 정하는 일은 학생의 선택에 맡기는 것이다.

다만, 학생들에게 처음부터 학습 목표와 활동을 자율적으로 선택하고 기획하도록 하면 헤매기 십상이다. 학생들이 스스로 수업을 만들어갈 수 있으려면 교사가 먼저 학습의 주제에 대해 충분히 이해하고, 학생들에게 선택할 수 있는 분위기와 시간적인 융통성을 부여해야 한다. 그다음은 교사와 학생이 함께 만들어가면 된다.

자신이 생각하는 학습 목표를 적고, 모두가 함께 정한 학습 목표를 기록하는 것도 학생들이 학습에서 도달해야 하는 목표를 인지하는 데 큰 도움이 된다. 학습 목표는 그 시간에 도달하고자 하는 수업의 목표이므로, 이 부분이 학습의 마무리 단계에서 어떻게 해결되었는지 교사는 파악해야 한다. 즉, 수업의 처음과 끝이 학습 목표와 활동 정리 및 평가 단계에서 서로 유기적으로 연계되어야 한다.

아이들과 같이 '임진왜란 후 사람들의 생활 모습 변화에 대해 알아보기'를 학습 목표로 정해놓고, 임진왜란을 일으킨 왜(倭)에 대해서 성토하는 것으로 수업을 끝내서는 안 된다. 임진왜란 후 농업 기술의 발달, 새로운 작물의 보급, 상업의 변화 등 구체적인 생활 모습의 변화를 정리하며 수업을 마무리해야 한다. 그래야 처음 세웠던 목표에 도달한 수업이 될 수 있다.

수업의 목표는 수업을 이끌어가는 핵심 축이다. 이 안에서 모든 수업 활동이 이루어져야 하며 수업의 마무리에서도 이 목표에 얼마나 도달했는지 살펴봐야 할 것이다.

강의식 수업,
어떻게 보완할까?

강의식 수업에선 아이들이 굉장히 지루해합니다.
어떻게 하면 아이들이 지루해하지 않고
일방적으로 전달하는 식의 수업에서 벗어날 수 있을까요?

모든 강의식 수업이 나쁜 것은 아니다. 경우에 따라서는 강의식 수업이 필요하기도 하고 주입식 교육이 필요하기도 하다. 예를 들어, 리코더를 처음 배우는 3학년 아이들을 지도하려면 먼저 악기 쥐는 바른 자세부터 가르쳐야 한다. 이때 가장 좋은 지도 방법은 설명이다. 모든 아이들이 교사에게 집중한 상태에서 아이들에게 쥐는 방법을 설명하고, 그다음은 개별적으로 리코더를 쥔 상태를 교사가 체크하는 것이 가장 효과적이다.

실험 전에 실험 기구를 잘못 사용했을 때 일어날 수 있는 다양한 위험 상황에 대해서는 학생에게 몇 번이고 같은 내용을 반복해서 지도하는 '주입식 교육'이 필요하다. 뜀틀 운동을 할 때는 어떤가. 바른 자세와 주의할 점을 강조해서 단순하게 설명하고 지도해야 한다. 토의나 토론이 전혀 필요 없다. 게다가 그렇게나 강조해도 위험한 상황은 얼마든지 벌어진다.

지루한 설명식 수업에서 벗어나는 법

같은 수업에서도 필요에 따라서는 어느 부분은 설명하고, 어느 부분은 문답해야 한다. 설명은 학생들이 학습에 관련된 내용을 반드시 기억해야 하는 상황에서 필요하다. 물론 꼭 필요하다고는 해도 설명이 길어지면 학생들은 지루해하면서 집중력이 흐트러진다. 학생 입장에서는 '일방적인 듣기'이기 때문이다. 그러나 일방적인 듣기에서 약간의 변형을 시도하면 아이들은 가만히 앉아서 듣기만 하는 것에서 벗어날 수 있다.

> **대화 예시**

교사: 오늘은 리코더를 처음 배우는 시간이에요. 리코더를 바르게 쥐는 자세를 가르쳐줄게요. (리코더를 쥔 상태를 학생에게 시범을 보인다.)

학생: (따라 한다.)

교사: 그런데 왜 오른쪽 새끼손가락을 리코더에 갖다 댔을까요? 그 이유에

대해 한번 이야기해볼까요?

학생: (처음 다뤄본 악기이므로 쉽게 대답하지 못한다.)

교사: 리코더에 오른쪽 새끼손가락을 갖다 댔을 때와 아닐 때의 차이점을 찾아보세요. (학생들이 이해하지 못할 경우 질문을 다시 쉽게 바꾸어 물어야 한다.)

학생: 오른쪽 새끼손가락을 갖다 대지 않으면 리코더가 흔들려요.

교사: 리코더가 흔들리면 어떻게 될까?

학생: 리코더를 바르게 쥐지 못해서 아마도 소리가 잘 안 나고 불편할 것 같아요.

교사: 그래요. 리코더를 바르게 쥐고 소리를 내기 위해서는 이 부분이 리코더와 꼭 닿아 있어야 해요. 그래서 여러분은 오른쪽 새끼손가락을 반드시 이 부분에 갖다 대도록 해야 합니다. (다시 시범을 보인다.)

앞에서 본 탁월한 교사의 특징 중 하나가 문답식 수업을 한다는 것이었다. 위와 같이 약간만 변형해도 지루한 설명식 수업에서 탈피할 수 있다. 문답식 수업은 설명식 수업보다 기억에 오래 남을 뿐 아니라 학생들이 수업에 적극적으로 참여한다는 점에서도 훌륭하다.

일방적인 듣기로는 배우는 내용이 기억에 잘 남지도 않을뿐더러 주의가 금방 흐트러진다. 학생들의 주의 집중 시간이 짧다는 것을 고려해 최소한으로 짧고 간결하게 설명하고, "그리고, 또, 아, 뭐가 있었지?"와 같이 길게 덧붙여가면서 말하는 습관을 버려야 한다. 교사가 모든 것을 설명하면 수업 자체는 무난하게 흘러갈 수 있을지 모르지만, 학생에게는 남는 것이 없다는 것을 기억해야 한다.

반말이 좋을까, 높임말이 좋을까

수업 중에 아이들에게 반말을 해야 할지 높임말을 해야 할지 고민한 적이 있을 것이다. 교사가 존재하는 이유는 가르쳐야 하는 아이들이 있기 때문이다. 이런 마음을 표현하는 방법 중 하나가 아이들에게 높임말을 사용하는 것이다.

높임말 때문에 아이들과 거리를 두는 것 같다고 생각할 수 있지만, 쉬는 시간에는 편하게 말하더라도 수업 시간에는 높임말을 쓰는 편이 낫다. 교사가 아이들에게 높여 말하면 아이들이 교사에게 함부로 말하는 일 역시 없어지며, 잘못된 행동을 제재해도 아이들을 함부로 대하거나 무시하는 느낌을 주지 않는다.

"그렇게 돌아다니면 다른 친구에게 피해 줄 수 있으니까 자리에 앉으세요"라고 하는 것과 "야, 그렇게 하지 마. 빨리 앉아"라고 하는 것은 차이가 크다. 아이들에게 필요한 것은 사랑받고 존중받는 느낌이지, 어리니까 막 대해도 된다는 느낌이 아니다.

한국어의 성격상 높임말은 복잡하고 어렵다. 특히 상대가 나보다 어린아이일 경우는 더욱 그렇다. 하지만 교사가 학생을 존중하는 것을 말로 보여주는 것은 충분히 가치 있는 일이다. 전체 학생을 대상으로 하는 수업에서는 높임말을 사용하고, 교실을 순회하며 학생을 개별적으로 마주할 때는 좀 더 편하고 친밀감 있게 이야기하도록 한다.

무기력한 학생의
학습 의욕을 되살리는 법

어떤 수업을 해도 의욕을 갖지 않는 아이들이 있습니다.
간혹 눈을 반짝이는 경우도 있긴 한데,
수업 시간 대부분을 멍한 상태로 보냅니다.
이런 아이들을 어떻게 해야 할까요?

우리나라 학생들의 학업 성취도는 세계 최고 수준이다. 그런데 안타깝게도 대한민국 아이들의 학습 흥미도와 자신감은 꼴찌다. 너무 이른 시기에 너무 많은 걸 쉼 없이 배워대는 탓이 아닐까 싶다. 많은 학생이 지루해한다면 그것은 교사의 수업 방식이나 수업 기술에 문제가 있는 것이다. 개선하기 위해 기본적인 수업 방법과 수업 기술을 익혀야 한다. 그렇지만 일부 학생만 그렇다면 그것은 학생의 내면에 원인이 있다.

아이가 수업에서 점점 멀어지는 이유

일부 학생이 수업에 흥미를 보이지 않는 것에는 몇 가지 원인이 있다.

첫째, 과목 자체에 흥미가 없는 경우로, 부진한 과목일 때 그렇다. 자신 없는 과목에서는 수업이 시들하게 느껴지기 마련이다. 확실하게 이해하지 못하기 때문에 흥미가 떨어지고, 흥미가 떨어지기 때문에 이해하려는 노력을 안 한다. 학년이 올라갈수록 학습 내용이 심화되기에 이 악순환은 결국 부진의 굴레가 돼버린다. 자신 있는 과목은 재미있지만 그렇지 않은 과목은 아무리 교사가 재미있게 해도 재미를 못 느낀다.

둘째, 교사와의 신뢰 관계가 형성되지 않은 경우다. 좋아하는 선생님의 과목은 점수가 좋고, 그렇지 않으면 점수가 낮았던 기억이 누구에게나 있을 것이다. 교사를 좋아하는 것은 과목에 대한 흥미를 불러일으키는 내적 동기가 된다. 반대로 교사에게 반발심이 있으면 수업에 대한 흥미가 낮다. 이런 경우 교사와의 관계가 회복되면 자연스럽게 수업에 참여하는 비율도 높아진다.

셋째, 수업 밖의 문제로 스트레스를 받고 있을 때 아이는 수업에 흥미를 보이지 않는다. 예를 들어 교우 관계로 문제를 겪고 있다거나 가정에서 아이에게 학업 스트레스를 줄 때도 그렇다. 수업 말고도 걱정할 것이 많은 아이가 수업에 빠져들 수는 없다. 이런 경우 학교 폭력, 왕따, 가정 환경 등 다양한 측면에서 살펴봐야 하며, 아이에게 주의를 기울이지 않으면 원인을 찾아낼 수 없어서 특히 애정을 갖고 지켜봐야 한다.

끝으로 학습에서의 거듭된 실패를 꼽을 수 있다. 학습에서의 거듭된 실패는 도전하고자 하는 의욕을 갖지 못하게 한다. '나는 무엇을 해도 안 돼'라는 생각이 지배적이어서 아이는 무기력해지고 수업에서 점점 멀어지게 되는 것이다.

학습 이전에 관계를 회복하라

학습 부진으로 인한 의욕 상실은 부진 문제를 해결해야 한다. 가장 좋은 것은 교사가 시간을 투자하여 아이의 부진을 해결하는 것이다. 일부 시도 교육청에선 교과 보충 프로그램으로 교사가 부진 학생을 지도하는 데에 예산을 지원하는 경우도 있다. 만약 시간을 따로 내서 가르치기 어렵다면 협력 학습으로 학생들 스스로 돕고 지원하도록 수업을 조직하고 구성해야 한다. 모둠을 바로 세우고, 학생들이 서로 협력하여 문제를 해결해가는 분위기를 마련하고, 학습에 흥미를 가질 수 있도록 다양한 문제 해결 방법을 지도해야 한다. 이에 대해서는 6장에서 자세히 다루고 있으니 그 부분을 참고하길 바란다.

다음으로 교사와 학생 사이에 신뢰가 형성되지 않은 경우에는 아이와 깊은 대화를 나눠봐야 이 문제를 해결할 수 있다. 그래야 학생이 쉽게 집중하지 못하는 원인을 찾아낼 수 있다. 어떤 스트레스 환경에 놓여 있는지, 혹은 왜 교사를 싫어하는지에 대해서는 아이만이 답을 알고 있기 때문이다. 수업에서 교사와 학생 사이의 관계가 올바로 회복되지 않는 한 아이는 언제나 무기력하고 무관심한 상태로 지낼 뿐이다. 학생은 교사를 믿을 때 수업에도 흥미를 보인다. 좋은 수업을 하는 교사는 아이의 마음을 어루만질 수 있는 교사다.

학생은 교사와 인간적인 관계를 형성했을 때 교사의 말을 따른다. 아이와의 친밀한 라포를 형성하고 따뜻한 관심을 갖고 다가가자. 아이의 마음을 어루만지고 편안하게 해주는 것이 이런 무기력한 아이들의 학습 의욕을 살리는 가장 좋은 방법이다.

○ 4단계 수업 정리 및 평가 ○

학업 성취를
최대로 끌어올려라

나만의 공책을
만들게 하라

수업 시간마다 공책을 정리하긴 하는데,
단순히 정리하는 것으로 끝날 때가 많습니다.
필기하는 이유는 무엇이고, 왜 해야 하는지 궁금합니다.
또 공책을 다음에 또 보게 하려면 어떻게 해야 할까요?

요즘에도 학생들에게 공책이 필요하냐고 반문하는 사람도 있을 것이다. 그러나 공책은 어느 경우에도 반드시 필요하다. 공책이 아니라 간단한 메모장이라고 하더라도 기록을 하는 것과 하지 않는 것은 큰 차이가 있다. 학생들이 필기할 때도 보기 좋게 정리한 공책보다 질문과 생각을 많이 적은 공책이 더 좋다. 공책 정리는 비단 기억하는 것으로 그치는 것이 아니라 학생들이 수업 시간에 생각하고 있는가, 그렇지 않은가를 결정짓는다. 단순하게 교사의 판서를 베낀 공책이 아니라 나만의 생각과 감정이 들어 있는 공책을 만들도록 해야 한다.

공책 정리 지도하기

학습은 암기 없이 이루어지지 않는다. 기본 개념은 반드시 외워야 하고 이해해야 한다. 그러려면 반복할 수 있어야 하는데, 이때 공책은 기억을 끄집어내는 실마리가 돼준다. "아, 맞다. 이런 거였지?" 하고 기억을 떠올리게 해주는 역할을 하는 것이다. 상황까지 떠올릴 수 있게 도와주기 때문에 수업 시간에도 단순히 메모를 하는 정도가 아니라, 그 설명이 나왔던 상황, 어떤 이야기가 더 있었는지, 설명에서 강조한 부분 등을 꼼꼼히 쓰는 게 좋다. 공책은 '내가 이해한 게 맞나?'처럼, 기억을 되짚어볼 수 있게 도와줄 뿐 아니라 복잡한 내용도 간단하게 정리하면서 핵심을 파악하는 능력을 길러준다.

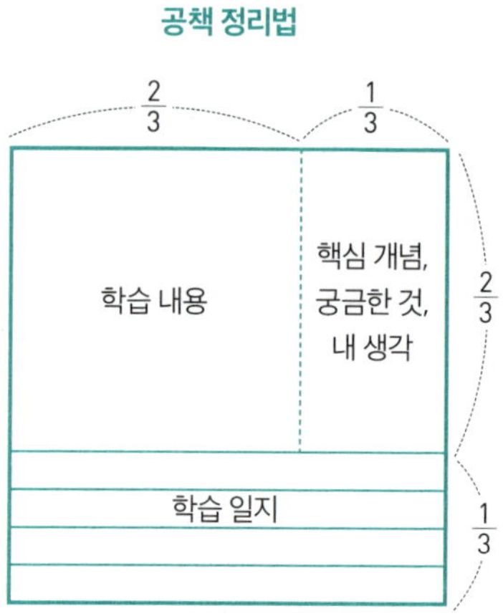

공책 정리법

학습 내용

① 날짜, 학습 목표, 칠판에 판서한 내용을 기록한다.

② 교사가 적어주는 모든 내용을 기록하게 하고, 필요할 경우 포스트잇을 활용하여 추가 내용을 정리한다.

③ 학습 내용을 쓸 때는 4색 볼펜과 형광펜 등을 활용할 수 있도록 학기 초에 필기도구 사용 방법을 지도한다.

- **빨간색**: 중요 개념, 눈에 띄어야 할 단어를 표시한다.
- **파란색**: 궁금한 것, 질문하고 싶은 것을 표시한다.
- **초록색**: 내가 생각한 것을 표시한다.
- **형광펜**: 한 페이지에 기록한 내용 중 가장 핵심이 되는 것을 표시한다.

④ 볼펜으로 전부 기록하는 것이 아니라 중요한 부분만 표시하게 한다.

- 중요 단어를 동그라미로 표시한다. 시험을 준비할 땐, 동그라미 친 단어들만 따로 확인하면 된다.

핵심 개념과 내 생각

① 그림과 같이 공책을 3분의 1 정도 접어서 활용한다.

② 수업 시간에 배우는 핵심 개념, 궁금한 내용을 쓰게 하고, 간단한 Q&A로 배운 내용을 정리한다.

③ 학생들과 수업 시간에 자주 사용하는 기호를 약속해두면 좋
다. 칠판 구석에 기호표를 코팅해서 붙여두었다가 수업 시간
에 판서로 정리할 때 활용하면 편하다. 기호는 학생들과 얼마
든지 다양하게 약속할 수 있다. 아이들에게 다른 기호를 디
자인해보게 해도 재미있다.

- ※ : 중요한 개념이나 잊지 말아야 할 것을 표시한다.

- ! : 새로 알게 된 것을 적을 때 표시한다.

- ◎ : 한 줄로 배운 내용을 정리할 때 표시한다.

- **학** : 학습 목표를 표시한다. (파란색 볼펜으로 적는다.)

- ? : 궁금한 것을 표시한다. 수업 시간에 물어보지 못한 질
문들을 적는다.

학습 일지

① 학생 수준에 따라 5줄에서 8줄 정도 쓴다. 저학년은 5줄 정
도, 고학년은 최대 10줄 정도가 적당하다.

② 그 시간에 배운 내용, 궁금한 것, 새로 알게 된 것, 더 알고
싶은 것, 나의 수업 태도와 반성, 모둠 활동에서 내가 기여한
것 등을 적는다. 교사는 이 학습 일지만 읽어봐도 학생이 어
느 수준으로 학습하고 있는지 알 수 있다.

1. 날씨의 변화

(학) 다양한 날씨에 대해 알아 보자

1. 습도: 공기중에 수증기가 포함된 정도 (연필나 축축한감)
① 건습구 습도계 ← 젖은 헝겊으로 감싼 온도계
② 디지털 온도계   그렇지 않은 온도계
③ 모발 습도계   머리카락으로 습도를 보는 온도계

2. 이슬
새벽에 차가워진 나뭇가지나 풀잎에 (물체)
수증기가 닿아 응결된 작은 물방울
[얼어가지고 붙는것]

3. 안개
공기중의 수증기가 지표면 근처에서
응결하여 공기 중에 떠있는 현상

4. 구름
수증기가 높은 하늘에서 응결하여
작은 물방울이 떠있는 현상

(V) 김이 서리는 것을
   막으려면 어떻게
   해야 할까?
① 안경에 바퀴칠을 한다
② 입김을 안경에 불어
   서 따뜻하게 한다.

학습일지

〈9/15〉
　오늘은 이슬, 안개, 구름, 비 같은 다양한 날씨에 대해
알아 보았다. 안개가 왜 강, 호수등 물이 많은 곳에서
잘 끼는지 알게되었다. 왜 냐하면 물이많은곳
이 수증기가 많기 때문이다. 안경에 김이 서리는
것을 막으려면 어떻게 해야 할까? 라는 선생님
의 질문에 바로 생활에서 익힌 방법으로 말해서
신기했다

〈Quiz〉
공기 중의 수증기가
물방울로 변해 지표면

5⁺ 비(보충)
하늘에서 떠 있는 구름속의 작은
물방울이모여 점점 커져서 큰물방
울이 되어 지표면으로 떨어 지는것

수업을 살리는 판서
vs
수업을 죽이는 판서

판서는 목적이 있고, 의도적이며, 체계적인 형태여야 한다. 그러기 위해서는 수업 전에 대략적인 판서의 얼개를 생각해보는 것이 중요하다. 학급에서 약속한 특별한 기호를 수업 중에 사용한다면 이 기호에 대해서도 충분히 익숙해질 때까지 활용하는 연습을 해보는 것이 좋다.

낙서하듯이 대충 써놓고 판서했다고 하는 것은 잘못된 지도다. 학생들이 한 시간 내내 보고 있는 칠판에 정성된 글씨로 깔끔하게 쓰는 것은 학생을 위한 교사의 최소한의 배려다. 화이트보드를 쓴다면 마커 펜이 보드 위에서 미끄럽게 써지는 것을 염두에 두고 크고 정확하며 깔끔하게 쓰도록 해야 한다. 요즘은 전자 칠판을 쓰는 경우도 많다. 이때도 교사의 글씨가 뭉개지거나 알아보기 어려운 일이 없도록 주의하는 게 좋다.

특히, 학생들이 앞에 나와서 칠판을 이용할 때도 모든 이가 알아볼 수 있는 글자로 크고 바르게 쓰도록 지도한다. 맨 뒷자리에 앉은 학생이 충분히 알아볼 수 있도록 교사의 글씨 크기 역시 자주 체크해야 앞자리 학생만 알아보는 작은 글씨를 쓰는 일이 없다.

교사의 글씨를 학생들이 계속해서 보고 있다는 것을 마음에 새겨두어야 한다. 교사가 악필이면 학생의 글씨 역시 나아지지 않는다. 교사의 글씨가 엉망이라면 자음은 작게, 모음은 길고 크게 연습하도록 한다. 글씨체가 가장 빨리 좋아지는 방법이다.

칠판을 체계적으로 나누어 활용하라

칠판은 생각보다 넓고 크다. 왜 이렇게 넓은 것인지 생각해본 적 있는가. 나는 판서를 나누어서 정리하도록 넓게 만들었다고 생각하곤 했다. 아무렇게나 대충 적은 것과 구획을 나누어서 판서하는 것은 구조적인 이해를 하는 데에도 영향을 미친다. 당연히 구획을 나누어서 깔끔하게 개조식으로 정리해가면서 하는 판서가 학생들의 기억과 이해를 돕는 데 유리하다.

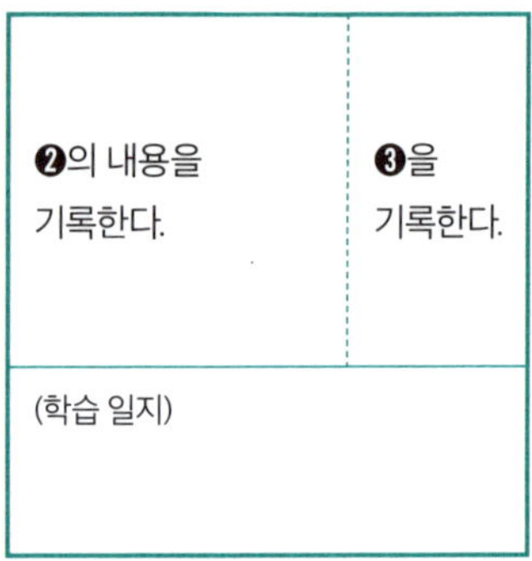

학습 문제와 활동은 수업을 체계적으로 이끌어가기 위해서 칠판에 적어두는 게 좋다. 간략하게라도 학습 문제를 꼭 써보고, 활동도 적어두며, 학생들은 학습 문제와 학습 내용만 정리하게 한다.

칠판의 가장 넓은 면은 그 시간에 배운 내용을 기록한다. 공책에는 교사가 적어주는 ❷번 판서를 그대로 기록하게 한다. 판서를 할 때는 번호를 매겨가면서 쓰되 1. ① ㉮ 식으로 구조화한다. 교사가 색분필을 사용해 중요한 내용을 표시하고 밑줄을 치는 등 시각적 구조화에 신경 쓰면 학생들이 공책 정리를 할 때도 도움이 된다.

큰 번호인 1. 2.는 한 줄 띄우고 쓰게 한다. 한 줄씩 띄우고 쓰는 이유는 공책이든 칠판이든 보기 좋게 써야 쉽게 알아볼 수 있고, 이것으로 복습을 할 수도 있기 때문이다. 습관이 될 때까지는 교사가 시범을 보이는 것이 좋다.

칠판 오른쪽 ❸은 공책의 맨 오른쪽에 해당되는 곳이다. 모둠 활동을 할 때 상호 평가가 기록되는 곳이고, 수업 시간에 태도가 좋은 학생의 이름을 적어두는 곳이기도 하다. 이 오른쪽 공간에는 학생들과 약속된 기호인 ! (새로 알게 된 것), ? (궁금한 것), ※ (중요한 것)로 수업 중 생각난 것들을 함께 정리한다. 이렇게 하면 단순히 지식을 기술하는 데에서 벗어나 판서를 통해 학생들의 창의적인 생각을 길러주는 데까지 수업이 나아갈 수 있다.

수업은 재미있는데
배운 게 없대요

아이들이 재미있어해서 게임이나 놀이 위주의 수업을 주로 했습니다.
재미있게 수업했으니 학업 성취도도 좋을 걸로 기대했는데,
기대 이하의 낮은 성취를 보였습니다. 무엇이 문제일까요?

아이들은 놀이를 좋아한다. 주변에 있는 모든 것이 장난감이고, 갖고 놀 게 없으면 놀이를 만들어낸다. 청소년들이 휴대 전화로 문자를 끝없이 주고받는 것도 그들에게는 문자가 일종의 놀이기 때문이다. 시간만 있으면 어른도 놀기 위해 궁리한다. 즐거움을 추구하는 것이야말로 인간의 타고난 본성이다.

수업이 놀이처럼 재미있어야 하는 것도 그래서다. 교사를 위해서도 수업은 재미있어야 한다. 교사가 재미없으면 아이들도 재미없다. 교과의 벽을 넘어 융합을 시도하고 스토리텔링을 하는 것도, 심지어는 프로젝트 학습을 하고 현장 체험 학습을 가는 것도 모두

같은 이유에서다. 우리는 재미있는 수업을 하기 위해 그렇게나 많은 것을 고민하는 셈이다.

영어 단어를 외울 때 단어 카드로 외우는 것과 빙고 놀이를 하는 것은 아이들 표정부터 다르다. 외워야 하는 내용은 똑같아도 아이들은 시험지 푸는 것보다 골든 벨을 더 좋아한다. 접근 방법이 다르기 때문이다. 학습 내용은 같아도 놀이로 접근하면 아이들은 즐거워한다.

그러나 수업은 즐겁기 위해서 하는 것만은 아니다. 수업의 가장 근본적인 목적은 배우는 것이다. 그러므로 놀이 중심의 수업을 할 때도 몇 가지 기억해야 할 것이 있다.

첫째, 놀이가 수단이 되어야지 목적이 되어서는 안 된다. 놀기 위해서 수업하는 게 아니라 수업을 잘하기 위해서 놀이를 활용해야 한다. 놀이가 목적이 아닌 도구여야 한다는 점을 놓쳐선 안 된다. 수업에서 교과서를 하나의 교재로 사용하듯이 놀이 역시 수업의 목표에 도달하기 위한 하나의 도구이고, 수업의 재료로 쓰는 것이다.

둘째, 수업에 왜 놀이를 도입하는가에 대한 명확한 목적이 있어야 한다. 아이들이 좋아하기 때문에 수업 시간에 10분 이상 빙고를 한다면 과연 괜찮을까? 왜 빙고를 하는지 분명한 목적이 없으면 수업 시간의 대부분을 쉽게 써버리고도 학생들은 재미있어했으니 수업을 잘했다고 생각할 것이다. 그러나 수업은 의도적인 계획 안에서 이루어져야 목표에 도달할 수 있다.

셋째, 활동 다음에는 반드시 배운 내용을 되짚어 확인해야 한다. '놀이를 통해 배웠다'와 '재미있게 놀았다'는 다르다. 배운 내용과 학습 목표를 정확하게 짚어주지 않으면 학생들은 무엇을 했는지 모르고 그저 '재미있게 놀았다'라고 생각하기 쉽다.

활동 중심 수업에서 반드시 챙겨야 할 것

새내기 교사 시절 재미있는 놀이와 게임이라면 무엇이든 수업 시간에 적용해보았던 때가 있었다. 아이들은 재미있어했지만 문제는 그다음이었다. 게임하는 시간에만 반짝 주의가 집중되고 그 뒤에는 오히려 전보다 어수선해진 교실을 어떻게 수습해야 할지 몰라 당황할 때가 많았다.

몇 년이 흐른 다음 고학년을 맡았을 때도 마찬가지였다. 수업 내용을 노래 가사로 바꾸어 신나게 부르고, 모둠별 스피드 퀴즈에 골든 벨까지 온갖 재미난 수업을 해도 아이들의 학업 성취는 달라지지 않았다. 오히려 밑줄 치고 공책을 정리하는 수업이 평가에는 더 효과적이었다.

이 문제의 원인이 아이들에게 있는 것도, 교사의 경력에 있는 것도 아니라는 것을 나중에서야 깨달았다. 아이들이 재미있어했기 때문에 수업에서도 학습 목표에 도달했다고 생각했으나, 정작 이 게임을 수업에서 왜 하는지 교사도 학생들도 생각하지 않았던 탓이었다.

많은 시행착오 끝에 놀이를 수업에 활용할 때도 교사가 먼저 그 목적을 고민해봐야 한다는 것을 깨달았다. 학습 목표에 도달하기 위해서는 수업에 참여하는 교사와 학생 모두 똑같이 목표를 인식하고 있어야 한다. 활동 중에 얼마나 목표를 놓지 않느냐 하는 것이 놀이 중심 수업에서도 가장 핵심이라고 할 수 있다.

아이들에게 가장 필요한 활동이 무엇인지 생각해보고 바로 그것을 해야 한다. 아이들이 수업 중에 불필요한 활동을 하느라 시간을 낭비해선 안 된다. 활동 중심 수업에서 빼놓지 말고 챙겨야 할 것은 왜 배우는지, 무엇을 배웠는지 인지시키는 것이다. 이 과정을 체크해야만 활동만으로 끝나는 수업에서 벗어날 수 있다.

학습 목표에 도달하는 놀이 수업하기

1단계. 수업 설계하기

수업을 설계할 때 반드시 필요한 놀이인지 먼저 고민한다. 게임이나 놀이가 수업에서 학생들이 가장 효율적으로 공부할 수 있는 방법인지 기획 단계에서 한 번 더 생각해보아야 한다.

2단계. 활동하기

수업 목표를 아이들이 정하게 하고, 그 목표에 도달하기 위한 활동들을 계획해보게 한다. 수업 목표에 도달하기 위한 가장 효율적인 활동을 직접 계획해봄으로써 학생은 학습의 주체가 될 수 있으며, 계획한 활동에 적극적으로 참여할 수 있다.

3단계. 정리하기

그 시간의 학습 내용이 무엇이었는지 교사와 학생이 함께 마무리하며 정리한다. 놀이를 통해 알게 된 것이 무엇인지 이야기해보고, 배운 내용을 확실하게 짚고 넘어가야 학생들이 게임하느라 '배운 게 없다'라는 생각을 하지 않는다. 자칫 놀이를 통해 어수선해질 수 있는 학생들의 주의를 다시 수업으로 돌릴 수 있다.

4단계. 평가하기

수업에서 목표에 정확하게 도달한다면 평가에서도 낮은 성적을 내지는 않는다. 단답형 퀴즈뿐 아니라 배운 내용을 말로 설명하게 하고, 이를 다시 놀이로 꾸며보게 하는 것과 같이 다양한 방법을 시도해야 한다.

5단계. 한 걸음 더

아이들에게 놀이를 개발해보도록 하면 기발한 놀이를 많이 만들어낸다. 교사가 잘 아는 몇 가지 놀이를 수업 시간에 반복하는 것보다는 아이들이 놀이를 개발해보도록 한다. 그리고 자신이 개발한 그 놀이의 규칙을 친구에게 설명해보게 하면 언어로 자신의 생각과 구상을 다시 표현해볼 수 있다. 이런 과정은 창의성 발달에도 굉장히 효과적이다.

다음은 사회 시간에 청동기 시대에 사용한 생활 도구와 주거 생활에 대해 배운 다음 다양한 활동을 수업에 도입하는 장면이다.

> **대화 예시**

교사: 이 시간에 우리가 꼭 알아두어야 할 것은 무엇일까요?

학생1: 청동기 시대에 사용한 생활 도구입니다.

학생2: 청동기 시대의 주거 생활이에요.

교사: 그러면 꼭 외워야 할 핵심 단어들을 정리해봅시다.

학생3: 움집, 반달 돌칼, 청동기 등이 있습니다.

교사: (수업과 관련된 핵심 단어를 다시 한번 지도한다.)

교사: 이제 이 단어들을 잊지 않고 기억하기 위해 어떻게 해야 할까요?

학생1: 모둠별로 스피드 퀴즈를 해보면 어떨까요?

학생2: 가사를 바꿔서 노래를 불러보면 오래 기억할 것 같아요.

학생3: 마인드맵으로 정리해보면 좋겠어요.

교사: 각자 원하는 활동이 다른데 어떻게 하면 좋을까요?

학생1: 모둠별로 어떤 식으로 활동할 것인지 정하면 좋겠어요.

교사: (모둠별로 활동에 대해 토의하고, 토의한 내용을 발표하도록 한다.)

학생1: 1모둠에서는 한 사람이 문제를 맞히고 나머지가 돌아가면서 문제를 풀기로 했어요. 문제는 각자 5개씩 출제하고, 좋은 문제를 다시 토의해서 결정하기로 했습니다.

교사: (모둠별로 선택한 활동을 하게 한다.) 활동한 내용을 발표해보겠어요.

학생: (스피드 퀴즈, 노래 가사, 마인드맵 등 모둠별로 활동한 내용을 다른 친구와 공유한다.)

교사: 활동한 것을 정리하겠습니다. 청동기 시대 주거 생활과 사용했던 생활 도구에는 무엇이 있었는지 다시 살펴봅시다. (교사와 함께 다시 정리하는 시간을 갖는다.)

활동 중심 수업은 단순히 재미있는 놀이나 체험으로 그쳐서는 안 된다. 다양한 활동을 통해 아이들이 핵심 개념을 깊이 이해하고, 배운 내용을 실제 삶에 적용할 수 있는 능력을 기르는 것이 진짜 목표다. 따라서 교사는 활동 과정에서 지속적으로 무엇을 배웠는지, 왜 중요한지, 어떻게 활용할 수 있는지를 아이들과 함께 성찰하고 정리하는 시간을 가져야 한다. 즐거운 활동과 깊이 있는

학습이 균형을 이룰 때 비로소 진정한 의미의 활동 중심 수업이
완성된다.

◇

평가는
어떻게 이뤄져야 하는가?

기존에 해왔던 선다형 중심의 평가가
문제가 있다는 것은 잘 알고 있습니다.
앞으로의 평가는 어떤 식으로 달라질까요?
평가에 대해 전반적으로 설명해주세요.

초등학교에서도 고사를 보던 시절의 일이다. 중간고사가 끝난 어느 날, 시험지를 돌려받는 아이들의 표정을 유심히 살펴본 적이 있다. 90점을 받은 아이는 환하게 웃고, 60점을 받은 아이는 고개를 푹 숙였다. 그런데 문득 이런 생각이 들었다. '과연 이 점수가 아이들이 그동안 무엇을 배웠는지, 어떻게 성장했는지 제대로 보여주는 걸까? 내내 잘해오던 아이가 혹시라도 시험에서 실수를 했다면? 긴장해서 실력 발휘를 미처 못 했다면? 한 번 보는 일회적인 시험으로 학생의 성취 수준과 정도를 평가하는 게 과연 적절한 것인가?' 하는 생각을 처음으로 진지하게 해보았다.

평가란 무엇인가

교육학자 랄프 타일러는 평가를 '목표한 것에 얼마나 도달했는가를 보기 위한 과정'이라고 했고, 마이클 스크리븐은 '교육과 관련된 대상의 장점, 질, 가치 등을 판단하는 과정'이라고 정의했다. 그런데 여기서 한 가지 문제가 생긴다. 교육 목표에 얼마나 도달했는가만 본다면, 교육 목표에 설정되지 않았지만 학생이 수업을 통해 얻은 다양한 사고 과정은 어떻게 할 것인가?

예를 들어 수학 시간에 풀어본 문제는 틀렸지만 그 과정에서 창의적인 접근을 시도한 아이, 국어 시간에 정답은 맞혔지만 단순 암기로 답한 아이와 깊이 있게 사고한 아이를 어떻게 구별할 것인가? 기존의 평가 방식으로는 이런 미묘하지만 중요한 차이를 놓치게 된다.

측정과 평가는 다르다. 교육 평가의 기본 개념에 따르면 평가와 관련된 개념을 이렇게 구분한다.

- **측정**: 검사나 질문지 같은 도구로 인간의 특성을 수량화하는 과정
- **평가**: 어떤 대상의 질이나 가치를 판단하여 결정하는 것
- **사정**: 다양한 측정 결과를 통해 개인의 전체적인 모습을 조명하는 전인적 평가

이 정의에 따르면 그동안 우리가 해온 선다형 시험은 '측정'에 가깝다고 할 수 있다. 즉, 아이들을 숫자로 줄 세우기 위한 도구였던 셈이다. 하지만 진짜 교육을 위한 평가라면 '사정'의 관점에서 접근해야 한다. 아이 하나하나의 전체적인 모습을 종합적으로 바라보는 것 말이다.

과정 VS 결과, 무엇을 볼 것인가

평가는 크게 2가지로 나눌 수 있다. 먼저 과정 중심 평가는 '어떻게 알게 되었는가'에 초점이 있다. 예를 들면 포트폴리오 평가, 자기 평가, 동료 평가, 관찰 평가 등이 있고, 형식에서도 알 수 있듯이 변화와 과정에 집중하는 평가다. 특히 포트폴리오는 학생의 학습 결과물을 모두 살필 수 있기 때문에 변화 과정과 성장을 함께 파악할 수 있다.

다음은 결과 중심 평가다. 학습 결과를 보는 데에 초점이 있고, 산출물 평가, 에세이, 퀴즈, 학습 일지 등이 있다. 보통의 교실에서는 결과 중심의 측정이 주를 이루고 있다. 교사 입장에서 보면 결과를 수치화하는 것이 아이들의 수준을 파악하기 쉽다. 하지만 요즘 교실에서 활발히 이뤄지고 있는 협력 학습, 프로젝트 학습 등을 결과만으로 평가한다면 너무나 아쉽다. 학생들이 이 과정에서 배우고 깨달은 것들은 쉽게 측정되지 않기 때문이다.

진짜 배움은 과정에 있다. 전에 우리 반에서 있었던 일이다. 과학 시간에 '물의 순환' 프로젝트를 했는데, 한 모둠이 발표를 망쳤다. 준비한 자료도 엉성했고, 발표도 매끄럽지 못했다. 결과만 본다면 낮은 점수를 받을 수밖에 없었다. 하지만 과정을 내내 지켜본 다른 친구들의 생각은 달랐다. 그 모둠의 아이들이 서로 다른 의견을 조율하며 토론하는 모습, 실험이 실패했을 때 포기하지 않고 원인을 찾으려고 노력하는 모습, 친구가 이해하지 못할 때 끈기 있게 설명해주는 모습을 봤기 때문이다. 이런 과정에서 일어난 성장과 배움을 어떻게 점수로 매길 수 있을까? 결국 다른 아이들에게서 이 모둠의 노력 정도를 높이 평가해야 한다는 목소리가 터져 나왔다.

자기 평가와 동료 평가

"선생님, 저는 이번 프로젝트에서 처음에는 친구들 의견을 안 들으려고 했는데, 나중에는 다른 사람 말도 귀담아듣게 됐어요."

한 아이가 자기 평가를 하며 쓴 글이다. 이런 성찰이야말로 진짜 교육의 힘이다. 스스로 학습 태도를 돌아보고, 무엇을 배웠는지 스스로 깨닫는 과정에서 진정한 성장이 일어난다. 동료 평가도 마찬가지다. "수아는 어려운 내용을 쉽게 설명해줘서 고마웠어요" "우주는 다른 사람이 말할 때 끝까지 들어줘서 좋았어요"라는 피드백을 주고받으며 아이들은 서로에게서 배운다.

결국 평가의 근본적인 목적을 다시 생각해봐야 한다. 평가는 아이들을 줄 세우기 위한 것인가, 아니면 아이들의 성장을 돕기 위한 것인가를 늘 고민해야 한다. 양적인 측정과 결과 중심 평가에서 자유로워지지 않는 한, 아이들은 늘 같은 자리에서 맴돌게 된다. 90점 받는 아이는 계속 90점을, 60점 받는 아이는 계속 60점을 받으며 자신의 가능성을 제대로 발견하지 못한 채 학교를 졸업하게 될 것이다.

진정한 평가는 아이들 스스로가 '아, 내가 이런 걸 배웠구나' '내가 이만큼 성장했구나'를 느낄 수 있게 하는 것이다. 자기 평가, 상호 평가, 포트폴리오를 통한 과정 평가가 교실의 중심이 되어야 하는 이유가 여기에 있다.

아이들의 사고와 학습 과정을 평가의 핵심으로 삼을 때, 비로소 평가는 교육의 진정한 동반자가 될 수 있다. 그때서야 시험지를 받아 든 아이들의 표정이 점수와 상관없이 환하게 빛날 수 있다.

교사가 수업에서 돌파해야 할
2가지 과제

5장

무기력한 교실을 깨우는
수업의 기술

딱딱한 지식을
살아 있는 이야기로 만든다

아이들은 왜 교과서를 재미없어할까? 교과서 안의 지식을 마주하는 순간, 아이들의 흥미는 반감된다. 첫째, 교과서는 곧 평가이고, 평가는 괴로운 것으로 아이들에게 인식되어 있기 때문이다. 둘째, 교과서는 정해진 틀이 있어서 그 틀을 따라서 학습하게 되어 있기 때문이다. 각자 다른 방식과 다른 속도로 학습할 수 있는 것이 아니고 획일화되어 있기 때문에 그 틀을 지루해하는 것이다. 마지막으로 교과서가 학생 수준에 맞지 않기 때문이다. 너무 어렵거나 너무 쉽거나 혹은 필요 없는 내용도 있다. 그래서 아이들도 교사도 힘들다. 전국 최고의 교과 전문가들이 모여서 수없이 많은 토의와

논의를 통해 만들어지고 다듬어진 교과서가 어느 곳에서나 가장 무난하게 쓸 수 있는 교재임에도 불구하고, 효과적인 측면에서는 언제나 최고라고만은 할 수 없는 이유다.

그렇기 때문에 교사가 교과서를 넘어서야 한다. 학생들이 재미있는 공부를 할 수 있도록 교사가 교과서를 넘어서는 새로운 시도를 해야 한다. 다음 시간이 궁금해지는 스토리텔링, 주제가 있는 프로젝트 학습, 과목의 경계를 넘나드는 융합 수업이 바로 그 시도가 될 수 있을 것이다.

다음 수업이 궁금해지는 마법

이야기를 싫어하는 아이들이 있을까? 그동안 저학년이고 고학년이고 수업 시간에 들려주는 이야기를 싫어하는 아이는 단 한 번도 본 적이 없다. 본능적으로 모든 인간은 이야기를 좋아한다. 영화, 소설, 시, 연극, 음악에 이르는 모든 것이 이야기다. 인간의 역사는 이야기의 역사이며, 인간이 발달해온 것과 함께 이야기도 발달해 왔다. 그래서 아이들이 좋아하는 이야기를 중심으로 수업하는 것은 곧 학습자 중심의 수업을 의미한다.

스토리텔링은 모든 교과, 모든 수업 장면, 모든 활동에서 가능한 수업 방법이다. 어떤 교과든지 이야기로 재구성하는 순간 스토리텔링이 되고, 어떤 활동에서든 학생들과 같이 이야기 나누고 생각해보면 스토리텔링이다.[*] 이야기에 아이들이 갖는 흥미와 관심을 수업 속 문제 장면과 연관해서 끌어간다는 점에서 스토리텔링은 학습 목표 도달에도 효과적인 수업 방법이다. 스토리텔링이라고 하면 구연동화만을 생각하기 쉽지만 실생활 장면, 생활 모습과 관련된 모든 것이 자료가 될 수 있다.

아이들은 특히 비슷한 연령의 아이가 문제에 부딪치는 장면을 흥미롭게 받아들인다. 〈해리 포터〉가 전 세계적으로 큰 인기를 끌 수 있었던 것은 주인공이 모두 독자층과 같은 어린이들이었기 때문이다. 이렇듯 감정 이입이 쉽기 때문에 아이들은 가까이서 볼 수 있는 친구, 잘 아는 이야기의 주인공, 나를 닮은 사람이 이야기에 등장하는 것을 좋아한다. 같은 이유로 교사의 이야기에 아이들은 흥미를 갖는다.

전에 저경력 선생님 한 분과 이야기하던 중에, 스토리텔링 이야기가 나왔다. 선생님은 스토리텔링으로 수학 수업을 한다는 이야기를 들려주셨다. 마치 미니시리즈처럼 스토리텔링을 이어간다는 것이다. 평소 수업에 열정이 많던 분이라 '역시!' 하고 감탄하면서 들었다. 아이들은 이야기를 좋아한다. 아주 작은 에피소드여도 교사가 끄집어낸 일상 속 이야기는 학생들에게 흥미를 유발하기가 특히 좋다. 이 선생님처럼 매시간 이어가는 식으로 주인공을 만들지는 못하더라도 아이들과 이야기를 주고받듯 편안한 스토리텔링을 활용해보면 생각보다 쉽고 간단하게 적용할 수 있다는 걸 느낄 것이다.

수업과 관련된 이야기에 아이를 등장시키고 아이가 고민하는 문제를 해결하기 위해 학습 활동을 전개한다. 앞으로 아이에게 어떤 일이 벌어질지 궁금해지기 때문에 학생들은 다음 시간에 대한 기대를 갖는다. 드라마를 빼먹지 않고 보는 이유는 궁금해서다. 이 궁금증이 수업에 들어오면 수업은 더 이상 재미없을 수 없다. 스토리텔링이 학생들의 흥미를 이끌어내기 좋은 이유는 다름 아닌 이야기 자체가 갖는 흥미를 수업에 가장 편안하게 풀어냈기 때문이다.

다만, 스토리텔링을 위한 스토리텔링을 하지는 않았으면 좋겠다. 모든 차시를 스토리텔링으로 짜맞추다 보면 억지스럽게 느껴지는 부분도 많다. 이야기는 자연스럽게 흘러가는 흐름을 가질 때 그 의미가 있다. 드라마처럼 다음 이야기가 궁금해지는 스토리텔링 수업이어야 한다. 그러므로 한 차시를 스토리텔링으로 구성하는 것도 좋지만, 단원 전체의 이야기가 있고, 그 흐름에 따라 스토리를 따라가는 식의 전개가 스토리텔링 본연의 역할에 더 충실한 방식이라고 하겠다.

스토리텔링으로 '이상과 이하' 수학 수업하기

다음은 스토리텔링으로 3~4학년군 수학 '어림하기' 단원을 재구성한 수업의 예다. 이 수학 수업은 성연이라는 가상의 아이가 등장하여 '이상과 이하' 문제를 해결하는 이야기로 구성되었다. 학생들과 비슷한 연령의 아이가 직면한 상황을 수업을 통해 해결해가도록 구성했기 때문에 학생들이 실제 주인공이 된 것처럼 문제를 해결해갈 수 있다.

▶ 스토리텔링으로 이야기를 제시한다.

성연이는 아빠와 함께 마트에 갔습니다. 차가 마트 주차장으로 들어서는데, 기둥에 "차고 2.5m 이하 출입 가능"이라고 쓰여 있습니다.
"아빠 2.5m 이하라는 건 2.5m보다 작아야 한다는 뜻인가요?"
"그렇지."
"그럼 차 높이가 딱 2.5m이면 들어갈 수 있는 거예요?"
아빠는 주차하느라 대답 대신 손을 들어 보입니다. 나중에 말해준다는 뜻입니다. 오늘은 동생 유진이의 장난감을 사야 합니다. 장난감 코너에 가서 장난감을 고르는데, 이런 문구가 보입니다. "사용 연령 3세 이상~5세 이하". 동생 유진이는 올해 3세입니다. 유진이는 이 장난감을 사용할 수 있을까요?

교사: 유진이의 장난감을 올바르게 사기 위해서 성연이가 알아야 할 것은 무엇인가요?
학생: 표시되어 있는 '이상과 이하'의 뜻을 알아야 합니다.

※ 지도 주안점

어림하기는 실생활에서 흔히 사용되는 수학 활동이다. 이상과 이하, 초과와 미만의 개념을 장난감의 사용 연령 표시를 통해 학습하도록 한다. 이때 실제 물건을 직접 활용하면 더욱 효과적인 생활 속 체험 수업이 될 수 있다.

▶ **학습 주제: 이상과 이하의 뜻 알기**

▶ **학습 주제를 제시하여 공부할 내용에 대하여 안다.**

▶ **스토리텔링으로 문제 상황을 제시한다.**

유진이의 나이는 3세입니다. 장난감에 표시되어 있는 "사용 연령 3세 이상 ~5세 이하"에 유진이가 포함되는지를 알기 위해서 성연이는 아빠에게 이상과 이하의 뜻을 물어보았습니다.

▶ **어떤 수보다 같거나 큰 수를 알아보고 이상의 뜻을 이해한다.**

▶ **3세와 같거나 많은 나이를 말해보게 한다.**

교사: 3세와 같거나 큰 수는 몇 개가 있을까요?

학생: 셀 수 없이 많습니다.

교사: 3세와 같거나 큰 수를 어떻게 표현하면 좋을까요?

　　　(학생이 나타내고 싶은 방법을 찾아 자유롭게 발표한다.)

▶ **3과 같거나 큰 수를 수직선에 나타내는 방법을 알아본다.**

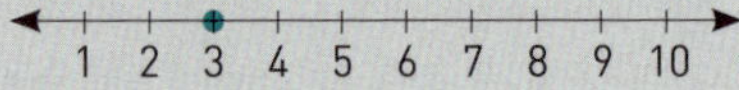

학생: 3, 4, 5 등과 같이 3보다 같거나 큰 수를 3 이상인 수라고 합니다.

교사: 성연이는 유진이의 나이에 맞는 장난감을 골랐나요?

학생: 네, 3세 이상은 3보다 같거나 큰 수를 말하고, 유진이는 3세이므로 맞는 장난감입니다.

▶ **스토리텔링으로 문제 상황을 제시한다.**

장난감을 고른 후, 수영 용품 매장으로 갔습니다. 물놀이를 위해 구명조끼를 사야 하기 때문입니다. 구명조끼에는 "몸무게 20kg 이상~30kg 이하"라고 쓰여 있었습니다. 성연이 몸무게는 30.5kg입니다. 성연이는 이 조끼를 사용할 수 있을까요?

▶ **어떤 수보다 같거나 작은 수를 알아보고 이하의 뜻을 이해한다.**

이름	몸무게(kg)	이름	몸무게(kg)	이름	몸무게(kg)
상철	28.5	성연	30.5	아랑	30
재성	31.2	유리	28	현정	29.5

▶ **30kg과 같거나 적은 몸무게를 말해보게 한다.**

교사: 30kg과 같거나 작은 수는 몇 개가 있을까요?

학생: 셀 수 없이 많습니다.

교사: 30kg과 같거나 작은 수를 어떻게 표현하면 좋을까요?

　　　(학생이 나타내고 싶은 방법을 찾아 자유롭게 발표한다.)

▶ **30과 같거나 작은 수를 수직선에 나타내본다.**

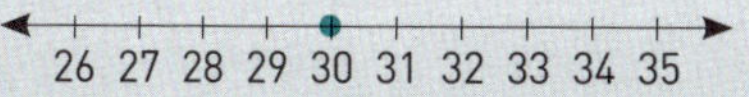

학생: 28, 29, 30 등과 같이 30보다 같거나 작은 수를 30 이하인 수라고 합니다.

교사: 이상을 넣어 문장을 만들어볼까요?

학생: 이 영화는 19세 이상 관람 가능합니다.

교사: 이하를 넣어 문장을 만들어볼까요?

학생: 이 트럭은 1,000kg 이하 용량입니다.

스토리텔링으로 과학 수업하기

다음은 스토리텔링으로 5학년 2학기 과학 '용해와 용액' 단원 전체를 재구성한 예다. 한 차시로 끝나는 게 아니라 이야기가 연속적으로 이어지고, 학생들이 주인공과 함께 여행하듯이 학습 문제를 해결해간다. 덕분에 학생들은 다음 수업에 대한 기대를 갖고 수업에 참여할 수 있다.

수업 예시

▶ 1차시 학습 주제
단원 전체의 스토리텔링 제시하기

허리케인에 휘말려 이상한 나라 오즈에 가게 된 도로시. 오즈에는 못된 화학 마녀가 나타나 평화가 깨지면서 무지개가 더 이상 뜨지 않는 나라가 되었다. 무지개를 다시 띄우려면 화학 마녀의 마법을 깰 수 있는 황금 열쇠 7개가 필요하다. 도로시는 오즈에서 착한 일 7가지를 해야 황금 열쇠를 찾을 수 있다. 도로시는 과연 무지개를 되찾을 수 있을까?

▶ 2차시 학습 주제
물과 아세톤에 가루 물질(설탕, 시트르산, 나프탈렌, 탄산 칼슘)을 넣었을 때 나타나는 현상 알아보기

• **물과 아세톤의 마을**: 원래는 물과 아세톤이 방향을 나누어 마을을 따라 평화롭게 흐르고 있었지만 화학 마녀가 나타나 물과 아세톤을 붙여서

흐르게 했다. 물과 아세톤의 마을에서 만난 설탕 공주는 물과 아세톤 중 어떤 것이 자신을 녹게 하는지 몰라 곤경에 처했다. 설탕 공주는 시트르산, 나프탈렌, 탄산 칼슘 신하들과 함께 있다. 진실만을 말하는 토토에게는 오직 한 번만 도움을 청할 수 있다. 설탕 공주 일행이 모두 녹지 않고 계곡을 무사히 건너려면 도로시는 어느 계곡에서 누구에게 다리를 놓아주어야 할까?

▶ **3차시 학습 주제**
흑설탕의 양을 달리하여 물에 녹이고 가장 진한 용액 알아보기, 설탕물에 메추리알 띄우기

• **설탕물의 마을**: 이 마을에선 설탕물의 진하기에 따라 메추리알 부표가 떠 있어 마을 사람들에게 위치를 알려주었으나 화학 마녀가 진하기를 알아볼 수 없게 모두 섞어버려 마을 사람들이 어려움에 빠져 있다. 메추리알을 정확하게 띄워야만 원하는 황금 열쇠를 얻을 수 있는 도로시와 친구들은 각각의 비커에 원하는 진하기로 설탕을 녹여야 한다. 흑설탕을 얼마나 녹여야 메추리알이 원하는 높이로 뜨게 될까? 도로시와 친구들이 문제를 해결할 수 있도록 도와주자.

▶ **4차시 학습 주제**
설탕을 용해시키기 전과 후의 무게 비교하기(빨리 젓기)

• **비교의 마을**: 화학 마녀의 부하들이 나타나 도로시의 여행을 방해한다. 도로시는 비교 마을의 가장 오래된 보물인 양팔 저울을 빼앗아간 화학 마녀의 부하들에게서 저울을 되찾아주어야 한다. 도로시와 친구들은 설탕을 녹이기 전과 녹인 후의 무게를 각각 비교하여 맞게 기록해야만 마을을 통과할 수 있다. 그리고 부하들에게 그 내용을 설명해야만 황금 열쇠와 양팔 저울을 되찾을 수 있다. 도로시는 실험을 빨리 시작해야 한다.

▶ **5차시 학습 주제**

백반을 물에 빨리 녹일 수 있는지 알아보기

- **백반의 마을**: 화학 마녀의 부하들이 갑자기 나타나 설탕 공주를 잡아간다. 설탕 공주는 커다란 비커 위에 놓이고, 모래시계가 반대쪽에 있다. 도로시가 백반을 빨리 녹이지 않으면 설탕 공주가 물에 빠져 녹게 된다. 설탕 공주의 목숨을 구하려면 백반을 최대한 빨리 녹여야 하는데, 도로시가 백반을 빨리 녹이려면 어떻게 해야 할까? 도로시에게 방법을 가르쳐주자.

▶ **6차시 학습 주제**

물의 양에 따라 용질이 물에 녹는 양 알아보기

- **양의 마을**: 화학 마녀의 부하들이 나타나 도로시 일행을 가로막는다. 화학 마녀의 부하들과 도로시는 가루 녹이기 시합을 하게 된다. 도로시 일행이 화학 마녀의 부하들보다 가루를 많이 녹이고 황금 열쇠를 찾기 위해서는 어떻게 해야 할까?

▶ **7차시 학습 주제**

물의 온도에 따라 설탕의 녹는 양 비교해보기

- **온도의 마을**: 화학 마녀는 도로시가 황금 열쇠를 찾지 못하도록 비커 속에 열쇠를 숨겨두었다. 황금 열쇠를 찾으려면 비커에 든 설탕을 모두 녹이는 수밖에 없다. 주변에 있는 도구는 비커, 알코올램프, 돋보기, 유리 막대, 종이, 숟가락이다. 이 중 도로시에게 필요한 실험 도구를 찾아 계획을 세워보자. 그리고 도로시가 황금 열쇠를 찾아낼 수 있도록 비커에 열을 가해 가루를 녹여보자.

▶ **8차시 학습 주제**
용해, 용액, 용질, 용매의 뜻 이해하고 적어보기

* **질문의 마을**: 도로시와 친구들은 용해, 용액, 용질, 용매의 뜻을 아는지 물어보는 스핑크스를 만난다. 스핑크스의 5가지 질문에 모두 대답을 할 수 있어야 마지막 황금 열쇠를 얻을 수 있는 도로시, 과연 대답할 수 있을까?

▶ **9차시 학습 주제**
실생활에서의 용해 알아보기

도로시는 모든 황금 열쇠를 찾아 결국 무지개를 띄울 수 있는 비밀을 알게 된다. 설탕 공주와 함께 무지개를 만들어 오즈를 구하려면 도로시는 어떻게 해야 할까?

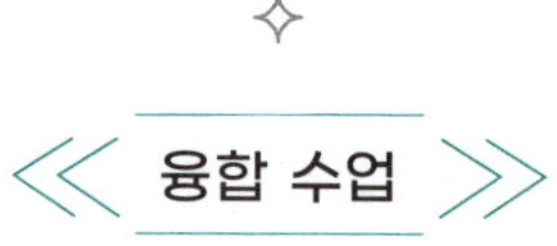

하나의 주제로
여러 과목을 한 번에 잡는다

융합 수업에 대해 공부해야겠다는 생각을 했습니다.
융합 수업이란 어떤 것이고, 앞으로 어떻게 연구해야 할까요?

스티브 잡스가 우리에게 가져온 엄청난 반향을 생각해보면 융합처럼 발전 가능성이 큰 분야도 없다. 살아 있는 동안 IT 업계에 가장 큰 이슈를 몰고 다닌 스티브 잡스는 동양의 고전 《논어》를 읽고, 서체를 연습했다. 그의 전공 분야와는 전혀 관련 없어 보였지만, 예술적 감각과 영감을 제품에 반영했고 전 세계에 히트를 쳤다. 그는 혁신의 중심을 디자인에 두었다. 디자이너가 먼저 매킨토시, 아이폰 등의 제품을 디자인하면 그 디자인에 맞게 엔지니어가 기술을 개발했다. 그야말로 창의적인 역발상 사고다.

중요한 것은 앞으로는 이렇게 다양한 교과의 융합이 자연스러

위질 거라는 점이다. 이는 시대적, 사회적 요구이며 그러기 위해 앞으로는 융합을 기초로 하는 프로젝트형 교육 과정 운영이 필수가 될 것이다.

교사는 교실에서 어떻게 하면 다양한 교과를 재구성하고 융합할 것인지를 고민해야 한다. 어떤 과목이 어떻게 융합되는가는 그야말로 교사의 무궁무진한 상상력에 달려 있다. 융합 수업에선 예술의 분야가 미술뿐 아니라 역사, 사회, 국어, 도덕과 같은 모든 교과로 확대되듯이 교사가 융합을 시도하면 할수록 많은 주제와 프로젝트가 눈에 띌 것이다.

신윤복의 그림 〈월하정인〉을 보며 천문학을 이야기하는 수업, 김홍도의 그림 〈씨름〉을 보며 마방진 수학식을 찾는 수업, 혼합물의 분리가 주제지만 내용은 태안의 기름 유출 사건을 다루는 수업이 바로 융합 수업이다. 고민할 것은 많지만 융합은 분명 진정한 수업 달인으로 거듭나는 비법이다.

태안반도의 기름 유출 사건은 혼합물 분리와 같은 과학 현상이 우리 생활과 얼마나 밀접한 관련이 있는지를 보여준 사례다. 이 일을 통해 학생들은 실생활 과학은 물론이고 사고 현장으로 달려가 내 일처럼 도와준 사람들에 대한 윤리의식을 함께 생각해볼 수도 있다. 융합 수업이란 이렇듯 마냥 복잡하고 어려운 게 아니라, 가까이는 우리가 늘 일상에서 경험하게 되는 주제를 다루는 수업이다.

쉬운 것부터 하나씩 도전해보면 점점 융합 수업의 매력에 빠져들 것이다.

심리학자 하워드 가드너는 "아이들이 학습에 몰입하게 되면 새로운 영역의 도전도 용기 있게 받아들이게 된다"고 했다. 학생들에게 미처 생각해보지 못했던 실생활 속에서의 다양한 과목의 융합을 느껴보게 하는 것이 중요하다. 그래서 융합 수업의 성격에 맞게 한 시간 안에 끝나는 주제를 다루기보다는 프로젝트 수업을 진행하는 것이 더 적합하다. 다음은 종합 예술인 뮤지컬로 표현한 과학 융합 수업 프로젝트다.

뮤지컬로 과학 융합 수업하기

다음은 5학년 2학기 과학 '운동과 속력' 단원을 융합 수업으로 재구성한 것이다. 아이들이 평소 어렵게 공부하던 물리 영역의 운동과 속력에 대한 개념을 이론, 실제, 융합 3단계로 학습할 수 있도록 했다. '운동과 속력' 단원은 수학, 과학적 원리를 이해할 수 있는 기본 소양을 요구한다. 따라서 평소 수학에 자신이 없는 학생들에게는 이 단원의 학습이 어렵다. 서로 다른 단위의 속력을 비교하기 위해서는 같은 단위로 환산할 수 있어야 하고, 속력을 나타낸 그래프를 이해하기 위해서는 수학에서의 측정과 통계를 이해해야 한다. 즉, 물리 영역이지만 수학 교과에 대한 기본적 이해가 필수적인 단원이다.

따라서 단원 전체에서 이미 수학과 과학을 융합하여 구성하고 있기 때문에, 수업안을 개발할 때 한 단계 더 나아가 체육, 미술, 음악과 같은 예술 영역과 융합하여 종합 예술 차시로 재구성했다.

1) 교과 및 단원 선정

▶ **학습 주제**
뮤지컬로 운동과 속력 표현하기

▶ **학습 내용**
- **1막**: 태초에 빛, 소리, 바람, 사람이 있어 이들이 조화롭게 어울려 살고 있었다. 그런데 빛, 소리, 바람, 사람이 각기 빠르기를 다투고, 이들의 다툼으로 세상이 혼돈에 빠진다.
- **2막**: 혼돈을 바로잡고 세상의 평화를 찾기 위해 모두가 한데 모인 자리에서 각자의 흐름과 빠르기를 자랑한다.
- **3막**: 빛, 소리, 바람, 사람의 순서로 빠르기가 결정되고, 이들은 앞으로 빠르기를 다투지 않고 평화롭게 어울려 살기로 한다.
- **관련 교과 예시**: 5학년 '미술12. 살아 숨 쉬는 미술 문화', '체육4. 표현 활동', '음악1. 음악과 생활', '과학3. 운동과 속력', '국어7. 이야기와 삶'

2) 교과별 융합형 학습 목표

- **국어**: 우리 주변에서 볼 수 있는 물체의 움직임과 속력을 과학 글쓰기를 통해 시나리오로 표현할 수 있다.
- **체육**: 모둠별로 물체의 속력을 다양한 움직임으로 표현할 수 있다.
- **음악**: 다양한 물체의 속력을 노래로 표현할 수 있다.
- **미술**: 뮤지컬에 필요한 소품들을 디자인하고 제작할 수 있다.
- **과학**: 우리 생활 속 물체의 움직임과 속력을 이해할 수 있다.

3) 차시별 운영 계획

차시	차시별 활동 내용	구분
1 과학 40분	• 뮤지컬을 위한 준비 계획 세우기	오프라인
2~3 국어 80분	• 뮤지컬 시나리오 작성하기 • 모둠별 대본 연습하기 • 모둠별 대본 수정 및 보완하여 학급 홈페이지에 탑재하기	오프라인 오프라인 온라인
4 과학 40분	• 교과별 차시 통합 운영으로 뮤지컬 연습 시간 확보 및 연습하기 • 모둠별 대본 리딩하기 • 조명 및 필요한 음악 학급 홈페이지에 탑재하기 • 모둠별 발표 연습하기	오프라인 오프라인 온라인 오프라인
5~6 음악 80분	• 모둠별 노래 가사 바꾸기 • 모둠별 노래 연습하기 • 모둠별 노래 학급 홈페이지에 탑재하기	오프라인 오프라인 온라인
7~8 체육 80분	• 모둠별 움직임 구성하기 • 모둠별 움직임 연습하기 • 모둠별 무대 위 동선 연습하기	오프라인
9 과학 40분	• 뮤지컬 발표하기	오프라인

4) 시간 운영 계획

교과 융합형 프로젝트 수업이므로 학습 내용을 오프라인 학습 및 E-포트폴리오 제작으로 수정 및 보완한다. 교과별 교육 과정 재구성으로 학습에 필요한 여러 교과의 차시를 통합하여 운영하되, 충분한 연습과 발표를 위해 일주일 분량의 미술, 음악, 체육 교과의 수업을 재구성하여 운영하는 식으로 유연하게 접근해보자.

예) 준비물 제작에는 미술 수업 2차시를 활용하고, 무대 위 동작을 연습하고 움직임을 표현하는 데에는 체육 표현 활동의 2차시를 활용한다. 노래 가사를 바꾸어 부르고, 연습하는 데에는 음악 시간을 2차시 활용한다. 대본 리딩 및 연습을 위해 국어 연극 수업을 2차시 활용한다.

단, 교과를 단순하게 활동별로 나열하는 식은 융합 수업이라고 보기 어렵다. 융합 수업을 잘못 이해하면 첫 번째 활동은 수학, 두 번째 활동은 미술, 세 번째 활동은 음악처럼 단순 나열식으로 접근하는 경우가 있다. 예를 들어 수학 분수 수업 시간에 〈윌리엄 텔 서곡〉을 단순하게 듣는다면 융합 수업이라고 할 수 없다.

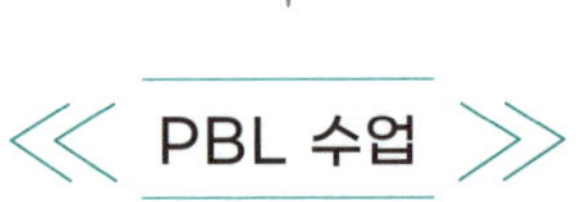

교실 밖의 세상을
교실 안으로 끌어온다

아이들과 같이 프로젝트 학습을 해보고 싶은데
경험이 없어서 잘 모르겠습니다.
어떻게 준비하고 진행해야 할까요?
또 수업 시간이 부족한 경우에는 어떻게 해야 할까요?

유치원에서는 거의 모든 수업이 프로젝트 수업으로 진행된다. 아이들은 다양한 방식으로 프로젝트 학습을 한다. 굳이 학습이라고 표현하기도 어려울 정도로 자연스럽게 원아들의 생활 속에 녹아들어 있다. 예를 들어 개미 프로젝트를 하는 동안 개미를 보러 숲으로 나가고, 개미에 대한 시를 읽고, 개미에 대한 노래를 부르고, 개미의 한살이를 동화책에서 배운다. 개미를 교실에서 기르고, 그림으로 그리고, 만지고, 살피고, 관찰한다. 그것도 모자라 체육 시간에는 개미처럼 움직이는 것을 몸으로 표현한다. 이 과정을 거치고 난 아이들은 개미 박사가 된다.

초등학교에서도 다양한 방식으로 프로젝트 학습이 시도되고 있다. 교육 과정의 다양성과 유연성이 추구되는 요즘 추세에 맞게 수업의 형태와 방식도 달라지고 있는 것이다. 최근 학교마다 인근 기관과 연계하거나 목공, 노작, 실습, 체험 등의 기회를 넓혀가는 것도 이러한 맥락이다.

이처럼 학생들이 재미있고 흥미롭게 수업할 수 있는 가장 좋은 방법이 프로젝트 학습이다. 융합 수업도 프로젝트 학습으로 구현해야 하고, 스토리텔링도 하나의 큰 틀을 재구성하여 프로젝트로 수행해가는 것이 더 흥미롭게 수업을 구성하는 방법이다. 그렇다면 기존의 프로젝트 학습에서 한 걸음 더 나아가, 학생들 간의 협력 활동을 강화하고 스스로 학습 과정을 점검하고 반성하는 요소를 더한 PBL*Problem Based Learning* 수업은 어떤 모습일까? 이제부터 그 구체적인 방법을 살펴보자.

학생 주도로 문제를 해결하는 수업

PBL 수업이란 특정한 문제를 해결하거나 주어진 주제에 맞게 성취 목표를 달성하기 위해서 프로젝트를 진행하는 형태의 수업을 말한다. 문제가 중심이 되기 때문에 교실에 국한한 수업이 아니라 오프라인에서 온라인으로, 학교에서 사회로, 현재에서 미래로 다양하고 넓게 학습의 터전을 옮긴다. 또한 학생이 계획부터 실행에 이르기까지 주체적으로 문제를 해결해야 하기 때문에 시간, 공간, 주제가 융통성 있게 운영될 수밖에 없다. 이렇기 때문에 PBL에서 학생들이 해결할 문제를 발굴하는 것이 고민의 시작점이기도 하다. 교육 과정을 담고 있되, 학생들이 해결하고 싶은 욕구가 들 수 있도록 프로젝트가 재미있고 참신한 것이어야 하기 때문이다.

서울교육청에서 2019년 운영했던 〈수업을 프로젝트하다〉에선 이론, 문학 감성, 예술 감성, 시민 감성, 자연 감성, 창의 지성 등으로 나누어서 프로젝트 수업을 진행했다.

이론 수업에선 수업 방식을 이해하는 데에 초점을 두고, 문학 감성에선 책과 함께하는 꿈길 찾기 수업을 운영했다. 이어서 예술 감성에선 뮤지컬 융합 수업을 시도했고, 시민 감성 프로젝트에선 사회, 국어, 창의적 체험 활동(창체)을 연결한 지역 탐구 프로젝트를 운영했다. 강화도의 역사를 조사하고, 여행 코스를 짜보고, 홍보 자료를 제작 및 발표까지 하는 형태의 수업이다.

자연 감성에선 손으로 꼼지락꼼지락하는 원예 프로젝트를 진행했는데, 계절별 활동을 봄, 여름, 가을, 겨울로 나누어서 씨앗 심기, 물 주기와 성장 기록하기, 열매 수확과 요리하기, 실내에서 화분 기르기 등으로 진행한 점이 인상적이다. 기존에 해오던 수업 활동에서 한 걸음 더 나아가, 좀 더 체계적으로 다듬고 여러 교과목에서 다양한 형태의 실천적인 수업 활동들과 연계했다는 걸 알 수 있다.

식물의 성장을 기록할 때 수학의 그래프와 연계하거나 국어 시간에 관찰 일지를 써보게 하면 그 자체로 프로젝트 수업이 된다. 〈농가월령가〉와 함께 한해살이 자연 감성 영역 프로젝트를 표현한 사례도 있는데, 고전 문학 탐구, 절기가 표시된 달력 만들기, 텃밭 체험, 전통놀이 체험, 농촌 체험 마을 방문, 우리만의 도시월령가 창작 등을 해보도록 했다. 재미있고 흥미로운 시도라는 것이 눈에 띈다.

창의 지성 영역에선 '학교를 부탁해'라는 주제로 공간 혁신 프로젝트를 진행했다. 학교 시설의 문제점을 조사하고, 학생들의 해결 방법을 찾아보고, 3D로 개선안을 구성해본다. 그런 다음 실제 비용을 산출하고, 이 내용을 발표하여 함께 공유한다.

이렇듯 조금만 고민하고 함께 이야기 나누면 충분히 다양하고 흥미로운 PBL 학습이 가능하다. 우리 교실만의 PBL을 디자인해보면 어떨까? 처음엔 어려울지 몰라도 시도해보면 해볼수록 재미있는 아이디어들이 학생들에게서 쏟아져 나올 것이다.

▶ 우리 교실만의 PBL 구상해보기

1) **주제**: 안전한 학교 만들기

2) **해결해야 할 문제**: 우리 학교의 위험한 공간은 어떻게 바꿀 수 있을까?

3) **해결해야 할 문제 찾기**: 우리 학교에서 위험한 공간들 조사하기

- 미끄러운 계단, 강당 뒤편의 후미진 곳, 깨진 유리 조각이 있는 쓰레기 분리수거장 등 (실과, 창체, 체육 시간 등 활용)

4) **해결 방법 찾기**: 모둠별 토의 및 발표 (국어 시간 활용)

5) **해결 방법 표현하기**: 안전 캠페인 열기, 달라진 모습 상상해서 이야기 나누기, 그림이나 글로 표현하기, 보고서로 표현하기, 찰흙이나 점토, 클레이 등으로 안전한 공간 표현하기 등 (미술 및 국어, 체육, 창체 시간 등 활용)

6) **발표하기**: 느낀 점 이야기 나누기 (국어, 사회 시간 활용)

7) **평가**: 과제 수행 결과물 평가하기 등 (수시, 온라인 등 활용)

신나게 뛰어야
두뇌도 깨어난다

예체능 수업은 사실 번거롭고 어떤 면에선 재능을 요구하기도 한다. 하지만 학생들이 공부만 잘하는 게 아니라 마음까지 예쁘고 사랑스럽길 바란다면 예체능 수업에 지금부터라도 힘을 쏟아야 한다. 예체능 수업은 뇌 발달의 균형을 가져다준다. 좌뇌와 우뇌 양측 모두 쓰면서 두뇌는 발달한다. 미술은 공간 지각 능력을 길러주고, 체육은 신체 조절 능력을 길러준다. 음악은 수학적 사고력을 길러준다. 악보를 읽고 음악적인 리듬과 멜로디 등을 고려하면서 감각을 길러가기 때문이다.

예체능 수업은 특히 창의성과 상상력 발달에도 도움이 된다. 팀워크를 배울 수 있는 체육 수업, 함께 협력해서 만들어내는 협동화 작업, 재미있고 다양한 변주를 할 수 있는 음악 수업 등 정말로 다양성의 여백이 크고 넓다. 특히 기억력과 집중력을 향상시키는 데에도 도움이 되고, 취미나 새로운 재능을 발견하는 데에도 예체능 수업은 유용하다. 예체능 수업은 무엇보다 학생들의 학습 동기를 유발하고, 수업에 참여하는 정도를 높이는 데에도 활용도가 크다. 다양하고 재미있는 수업을 고민해보면 좋겠다.

창의적으로 교과를 재구성하라

체육 시간에는 교과서에 나오는 모든 내용을 똑같이 순서대로 가르치는 것보다는 융통성 있게 교육 과정 내용을 재구성하여 아이들에게 재미있게 접근하는 것이 좋다. 체육을 평소에 재미있게 가르친다고 소문난 어느 선생님은 교실에서 수영을 가르쳤다고 했다. 어떻게 가르쳤는지 물어보니, "책상 위에 엎드려서 자유형, 배영을 해보게 했지"라고 말했다. 체육 교과서에 나오는 내용을 얼마든지 재미있게 교실에서도 지도할 수 있음을 보여주는 사례다.

교과서에 나오는 민속 무용 역시 아이들이 굉장히 재미있게 수업에 참여한다. 경험적으로 아이들이 특히 좋아했던 체육 수업 중 하나가 모둠별로 안무를 구성하고 음악을 정해 발표하는 형태의 무용 수업이었다. 교과서의 기본 동작을 가르쳐준 다음 여자아이, 남자아이 할 것 없이 모둠을 짜서 함께 작품을 구성하여 발표하도록 단기 프로젝트 수업을 진행했다. 교과서에 나오는 기본 동작들은 단순하고 익히기 쉽기 때문에 아이들이 금방 배운다. 배운 동작을 응용하고 적당한 음악에 맞추는 것은 그다음에 아이들이 해낼 몫이다.

서로 아이디어를 내서 주제를 정해 같이 안무를 짜고 음악에 맞춰 연습한 뒤 마지막 시간에는 발표를 하게 했는데, 춤과 노래에 한창 관심이 많은 고학년 아이들에게 특별히 많은 사랑을 받았다.

게임의 룰과 형식을 살짝만 바꾸어도 체육 수업은 정말 신나는 수업이 된다. 어떤 과목이든 마찬가지지만 진도 때문에, 학교 행사 때문에, 기타 등등의 이유로 빠지면 몹시 서운한 게 체육 수업이다. 교사가 체육 시간에 아무런 배움의 과정 없이 아이들을 놀게만 하는 것도 좋지 않지만, 체육을 수업이 아닌 놀이 정도로 가볍게 생각하여 노는 대신 다른 공부를 해야 한다고 생각하는 것은 더 위험하다.

성장기의 아이들에게 움직이고 뛸 시간을 주는 것은 두뇌 발달은 물론이고, 스트레스 해소와 건전한 정신을 갖게 하는 등 정서적인 면에서도 너무나 중요하다. 모든 아이가 기본적으로 하루에 30분 정도는 신나게 뛰어놀 수 있는 시간이 있어야 한다. 아이들이 운동장에서 신나게 뛰어놀 때 아이들의 머리와 몸은 배움을 위한 최적의 상태로 깨어난다. 체육 수업이 없는 날 아침에는 운동장이라도 세 바퀴 이상 뛰어서 두뇌를 깨워줘야 할 것이다.

체육 수업의 부담을 줄이는 7가지 방법

체육 수업은 학생들에겐 반응이 좋지만, 교사로선 준비하기가 다소 성가신 편이다. 편한 옷을 입어야 하고, 시범도 보여야 하고, 간혹 통제가 어려워 사고라도 날까 봐 꺼려진다. 하지만 이런 문제들은 교사가 얼마든지 해결할 수 있다.

첫째, 준비하는 시간을 줄인다. 예를 들어 아침 자습을 운동장에서 하는 가벼운 체조로 정해놓고 아이들과 등교한 아침 시간부터 1교시까지 이어서 체육 수업을 하면 된다. 이날의 아침 자습은 운동장 세 바퀴 뛰기로 정하면 어떨까? 아이들이 분명 신나게 운동장을 달릴 것이다. 운동장을 가볍게 달리는 것만으로도 잠이 부족한 요즘 아이들을 깨울 수 있다. 5교시에 체육 수업을 하는 것도 좋다. 점심을 먹고 여유 있게 옷을 갈아입고 운동장에서 아이들을 기다린다. 10분 빨리 시작해서 5분 늦게 끝내는 체육 수업을 아이들은 더 좋아한다.

둘째, 운동을 잘하는 학생을 활용하여 시범을 보인다. 어느 학급이든 신체 운동 지능이 뛰어난 학생이 있기 마련이다. 이런 학생들을 시범 조교로 활용해서 몇 가지 기능과 동작을 쉬는 시간에 미리 지도한 다음 아이들에게 시범을 보이게 한다. 이렇게 지도해두면 1년 내내 운동 기능이 뛰어난 조교를 활용하는 셈이다. 학생은 재능을 펼칠 수 있고, 교사는 재능 있는 학생을 활용할 수 있어 좋다.

셋째, 호루라기로 말한다. 운동장이나 체육관은 공간이 넓다. 주의력이 흐트러지기 쉽다. 이런 경우 넓은 공간에서 교사가 큰 소리를 내는 것은 효율적이지 않다. 체육 시간에 사용하는 호루라기 구령을 미리 약속해두면 아이들이 그 소리만 듣고도 금세 집중한다. 예를 들면, '삐~익'은 경기 종료, '삐삐삑~'은 하던 것 멈추기, 짧게 '삑'은 경고의 뜻으로 정할 수 있다.

체육 시간의 설명 대형

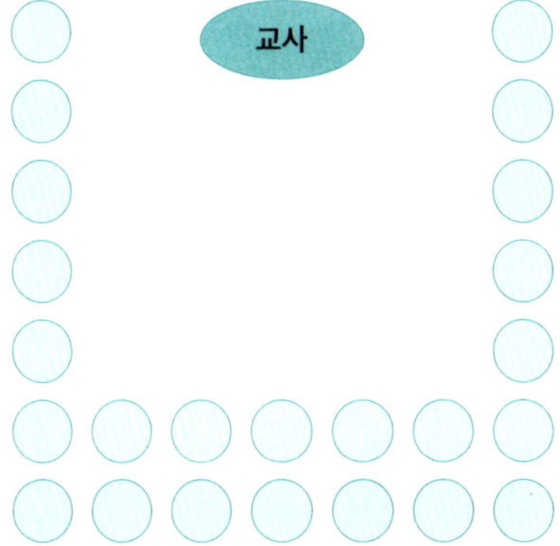

넷째, 학생 전체가 경기 규칙을 듣거나, 반드시 지켜야 할 안전 사항을 들어야 할 때는 학생들을 설명 대형으로 앉게 한 다음 지도한다. 교사가 학습 내용을 설명하는 시간에는 이 대형을 유지해서 주의 깊게 설명을 듣도록 한다.

다섯째, 반드시 수업의 시작과 끝을 체조로 한다. 수업의 처음은 준비 체조로, 끝은 정리 체조로 마무리하는 것을 습관화하자. 근육을 충분히 풀지 않고 운동을 하면 무리가 올 수 있기 때문에 학생들이 제 실력을 발휘하고 부상을 예방하기 위해서는 반드시 준비 체조와 스트레칭을 해야 한다. 수업 중에 긴장한 근육을 다시 이완시켜주도록 마무리는 정리 체조로 한다. 이 과정이 생략되면 체육 수업 중에 안전사고가 일어나기 쉽다. 반드시 지켜야 하는 과정이다.

여섯째, 안전사고를 예방하기 위해 교사의 지시에 잘 따르도록 한다. 체육 수업에서는 아이들이 움직임이 많아지기 때문에 사고가 일어날 가능성도 크다. 사고를 예방하기 위해서라도 경기 규칙을 충분히 설명해줘야 하고, 교사의 지시에 반드시 따르도록 반복해서 지도해야 한다. 규칙을 지킬 때 모두가 즐겁고 재미있는 체육 수업이 된다는 것을 학생들이 인식해야 하므로 규칙을 어기는 학생은 타임아웃을 시켜 활동을 멈추게 한다.

일곱째, 교과서의 체육 활동을 충분히 지도한다. 체육은 교과서에 나오는 것만 제대로 가르쳐도 학생들은 기본적인 움직임부터 신체에 대한 이해까지 전부 배울 수 있다. 수업 시간에 이론적인 설명이 필요한 경우에는 공책 정리를 하면서 다른 과목처럼 교실에서 가르친다. 교과서에 나오는 각종 구기 종목들의 경기 규칙도 교실에서 이론을 충분히 지도한 다음에 야외 수업을 하면 지도가 훨씬 쉽다.

아이들과 언제 해도 즐거운 몇 가지 놀이를 소개한다.

좀비 술래잡기 놀이

순발력, 방향 전환, 달리기, 협동심을 기를 수 있는 놀이다. 처음엔 교사가 규칙을 정해주고, 놀이에 익숙해지면 학생들에게 다양하게 바꿔보게 한다.

① 좀비와 인간으로 팀을 나눈다.
② 좀비(술래)에게 잡히면 좀비처럼 느릿느릿, 흐느적거리면서 걸어야 한다.
③ 인간은 안전지대에서 30초~1분 동안 쉴 수 있다.
④ 좀비 해독제(이단 줄넘기, 홀라후프 돌리기 등)를 얻으면 다시 인간이 될 수 있다.
⑤ 정해진 시간까지 살아남은 인간이 많은 팀이 이긴다.

초능력 운동회

협동심, 순발력, 적응 능력을 기를 수 있는 놀이다. 각자 좋아하는 슈퍼 히어로가 됐다고 가정하는 운동회 경기를 해본다.

① **스파이더맨 경기**: 구불구불하게 놓은 긴 줄 위를 걸어야 한다. 줄넘기를 50개 이상 안 걸리고 넘어야 한다.

② **헐크 경기**: 짐 볼을 들고 달린다. 너무 무겁지 않은 짐 볼이 좋은데, 짐 볼이 없으면 생수병을 들고 달려도 좋다.

③ **플래시맨 경기**: 전력 질주로 최대한 빠르게 달린다. 이어달리기로 해도 좋다.

④ **아이언맨 경기**: 팀워크로 다양한 게임을 수행하게 한다. 공기, 딱지, 비석치기 등을 연달아 통과해야 한다.

체육과 다른 교과의 융합 수업

① **수학 축구**: 골을 넣기 전에 준비된 수학 문제를 풀어야 한다. 골대마다 난이도가 다른 문제를 배치하는 것도 재미있다. 맞히면 득점으로 인정하고, 틀리면 상대 팀에게 공격권을 주는 식으로 페널티를 준다. 분수 문제를 맞히면 2점, 소수 문제를 맞히면 3점처럼 득점을 다르게 적용해도 좋다.

② **과학 농구**: 슛을 넣기 전에 사전에 제시했던 과학 상식 문제

를 푼다. 예를 들어 '물은 몇 도에서 끓을까?'라는 문제를 주고 맞히면 자유투를 할 기회를 주고, 틀리면 자유투 기회가 박탈된다. 단원별로 교사가 중요하게 설명했던 문제를 제시하면 더 좋다. 실험 도구 맞히기, 동식물 분류하기, 곤충의 특징 말하기 등 교사가 문제를 준비하되, 나중엔 학생들에게 준비하게 하면 열심히 공부해온다.

③ **몸으로 말해요**: 수학 축구, 과학 농구를 응용한 버전으로 학생들이 아주 재미있어하는 놀이 중 하나다. 노래 제목 맞히기, 명화 설명하기, 경기 종목 몸으로 설명하기 등을 주제로 내준다. 술래가 된 학생이 동작으로 노래 제목이나 명화 등을 흉내 낸다. 다른 학생들은 동작만 보고 무슨 제목의 노래인지, 어떤 그림인지 등을 맞힌다.

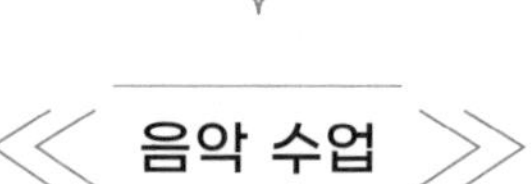

교과서 음악이
지루하다는 편견을 뒤집어라

최근에 〈케이팝 데몬 헌터스〉가 세계적으로 엄청난 인기를 끌었다. 한국에 대한 관심도 폭발적으로 높아졌고 말이다. 한국의 문화를 담는 가장 대표적인 콘텐츠는 단연 노래다. 케이팝이 하나의 문화가 되었고, 브랜드가 됐다. 지금 학생들은 디지털 세대인 만큼 다양한 방법으로 음악 수업도 고민해보는 게 좋다. 학생들이 즐겨 하는 SNS에서는 매일같이 다양한 노래와 음악들이 쏟아진다. 학교에서 배우는 노래가 지루하고 재미없다는 편견을 깨고, 다양하게 변주를 시도해보려는 노력이 필요하다.

변성기의 남학생들은 성대를 무리하게 사용하는 것은 좋지 않기 때문에 2부 합창 노래를 가르쳐주고 낮은음을 부르도록 지도한다. 테너나 바리톤처럼 낮은음으로 부르는 멋진 동영상을 보여주고 이런 학생들이 노래를 부를 때 열심히 하는 모습을 칭찬해주면 아이들이 자신감을 갖고 오히려 더 열심히 노력하는 모습을 볼 수 있다.

간혹 노래 가사를 희한하게 개사해서 부르는 아이들을 어떻게 지도해야 할지 고민해본 적이 있을 것이다. 아이들이 재미있어하니까 그냥 두어도 된다고 생각할 수 있지만, 이런 경우는 차라리 주제에 맞게 노래 가사 바꿔 부르기 대회를 여는 것이 좋다. 무작정 못하게 할 것이 아니라 할 수 있는 쪽으로 물길을 틔워주는 것이다.

노래를 부르는 것은 바꿔 말하면 곡조에 생각과 마음을 실어 소리로 표현한다는 뜻이다. 곡뿐 아니라 노랫말이 아름답기 때문에 〈반달〉 〈고향의 봄〉 같은 노래는 오랫동안 사랑받아왔다. 학교가 아니면 요즘 아이들이 어디에서 동요를 배우고 따라 부를까 싶기도 하다.

동요에는 아이들의 정서에 꼭 맞는 감성이 담겨 있다. 그래서 아이들이 노랫말과 멜로디를 함께 음미하면서 부를 수 있도록 지도해야 한다. 동요는 어린 시절이 아니면 그 아름다움을 미처 못 느끼고 지나갈 수도 있기 때문이다. 교사는 아이들에게 아름답고 고운 동요를 가르치면서 노랫말의 아름다움도 함께 느껴보도록 지도해야 한다.

‘동요는 유치하다’라고 느끼는 학생에게는 다양한 동요를 경험하게 해주는 것이 좋다. 이 아이들은 노래라면 가요처럼 박자가 빠르고 춤을 출 수 있어야 한다고 생각하기도 한다. 이런 아이들의 취향을 반영해 요즘 동요는 박자가 빨라지고 점음표 사용이 늘고 있다고 한다. 당김음을 쓰지 않으면 아이들에게 외면받는다고 하니, 동요도 시대의 흐름에 따라 변화를 겪고 있는 셈이다.

덕분에 동요 가운데서도 신나고 재미있는 노래가 많다. 아이들에게 다양한 동요를 자주 들려주고 가르쳐주다 보면, 처음에는 시큰둥하던 아이들도 점차 반응이 달라진다. 밝고 경쾌한 동요를 들려주되, 가사와 가락이 지닌 밝고 아름다운 느낌을 함께 느끼도록 지도한다. 정서적으로 볼 때, 유행가의 저급한 가사나 멜로디는 동요가 지닌 서정적인 아름다움을 따라올 수 없다. 이런 점을 교사가 지도하지 않는다면 동요는 앞으로도 아이들에게 외면당할 수밖에 없다.

이를 위해서 학기 초에 동요 모음집을 만들어 학생들과 함께 노래 가사를 읽고 배워볼 것을 추천한다. 음악을 꼭 전담 교사에게만 맡길 것이 아니라 매주 한 곡 정도는 동요 모음집에 나오는 노래를 함께 배워보고 불러보는 기회를 갖는다면 아이들의 정서 안정뿐 아니라 음악 수업에도 자신감이 붙을 것이다.

수업1. 나만의 OST 만들기

나의 하루 루틴에 맞는 배경 음악을 직접 만들어보게 한다. 직접 만드는 게 어려우면 좋아하는 노래로 선곡하고 발표하게 해도 좋다. 아침 알람음, 점심 먹을 때의 배경 음악, 공부할 때 조용히 들을 수 있는 잔잔한 음악, 잠들 때 들을 만한 노래를 선곡하고 발표해보게 한다. 교사가 잘 몰랐던 학생들의 음악 취향도 알 수 있어서 재미있다.

스마트폰 앱이나 간단한 음악 프로그램을 활용하면 즉석에서 작곡도 할 수 있다. 연필을 두드리는 소리나 책장 넘기는 소리 등을 활용하면 배경 음악으로 재미있게 만들 수도 있다. 가족들에게 들려준 뒤, 피드백을 일기 등으로 써오게 한다.

수업2. 가사 바꿔 불러보기

요즘 학생들이 좋아하는 다양한 노래가 있다. 무작정 동요만 부르라고 한다고 해서 그렇게 지도되지 않는다는 것을 교사들도 잘 알 것이다. 가요 2개에 동요 하나 정도를 끼워서 불러보게 하는 것도 충분하다.

랩으로 응용해봐도 좋다. 수학 시간이라면 구구단을 랩으로 만들어서 불러보게 해도 좋다. 사회 시간에 우리나라의 팔도 이름을 동요에 붙여서 외워보게 하면 재미있어한다.

우리가 어릴 때 '태정태세문단세'로 시작하는 노래를 부르면서 외웠듯이, 새로운 노래에 조선 시대 왕들의 이름을 붙여서 불러보게 하는 것도 다양한 버전이 쏟아져 나온다. 이때 노래를 녹음하고, 춤이나 몸으로 노래의 내용을 표현하게 하면 뮤직비디오로 제작할 수도 있다. 우리 반 음원 차트를 만든다면 더욱 열심히 참여한다. 이달의 음원 차트 1등에게는 선물을 주면 어떨까.

수업3. 시간 여행 음악 수업하기

원시 시대에는 악기가 따로 없었다. 학생들이 주변에서 구한 자연물을 악기로 삼아서 힙합이나 랩에 맞춰 두드려본다. 리듬감을 익힐 수 있다. 기본 박자를 알려주고 두드리게 하면 간단하게 합주를 할 수도 있다. 중세 시대에는 궁중 음악이 있었다. 서양과 동양 모두에서 무도회를 하면서 음악을 들었다.

음악을 들으면서 함께 춤을 춰보는 식도 재미있다. 뮤직비디오나 댄스를 하나 정해서 함께 배워봐도 좋다. 영어 노래로 댄스를 연습하고 함께 발표했던 적이 있는데, 학생들이 정말 즐겁게 함께 땀 흘렸다. 근대와 현대에는 음악의 대중화가 이루어졌다. 스마트폰으로 음악을 감상하는 시대가 왔으니, 유튜브에서 나만의 플레이리스트를 만들어서 소개하거나 발표하는 것도 재미있다.

수업4. 노래 맞히기 게임

가끔 예능 프로그램에서 앞 3초만 듣고 어떤 노래인지 맞히는 게임을 하는데, 이걸 교실에서 활용해보면 학생들이 무척 재미있어한다. 가요 대신 클래식이나 동요 등의 전주를 들려주고 맞히게 한다. 나라별 전통 음악을 들려주고, 어떤 나라인지 맞히게 해도 재미있다.

주변의 소음들을 휴대 전화로 녹음해온 다음 틀어주고 맞히게 한다. 예를 들어 자동차 지나가는 소리를 녹음해왔다면, 어떤 자동차인지까지 맞혀보게 한다. 버스인지, 승용차인지, 승합차인지 학생들이 초집중 상태로 열심히 듣는다.

수업5. 음악 방송국 운영하기

나는 학급에서 어린이 방송국을 운영했다. 학생들이 매일 음악 방송을 준비해서 틀어주었기 때문에 학생들 스스로 대본을 쓰고, 음악을 틀고, 사연을 수집하는 게 일상이었다. 어린이 방송국을 학급 내에서 운영해보는 것도 추천한다.

음계만 알면 충분한 악기 지도

평소 악기에 대한 두려움이 많은 학생들은 교과서에서 다루는 악기보다 경험해보지 않은 신선한 악기를 시도하게 하는 것이 좋다. 팬 플루트나 하모니카, 오카리나와 같은 악기는 아이들이 소리 내기가 쉽고 지도하기도 쉽다. 이런 악기들을 학급 특색으로 삼고 1년 동안 꾸준히 지도하면 아이들의 기량이 놀랄 만큼 향상된다.

학생들에게 악기를 지도한다는 것은 성실함을 가르친다는 뜻이다. 리코더든 단소든 하나를 정해서 꾸준히 지도하자. 도덕 시간에 말로 설명하는 성실보다 음악 시간에 악기로 익히는 성실이 열 배는 낫다. 교사가 악기를 자신 있게 못 다룬다고 해서 걱정할 것 없다. 도레미파솔라시도 기본 음계를 연주할 수 있다면 나머지는 학생들과 함께 연구하고 배워가면서 충분히 지도할 수 있다.

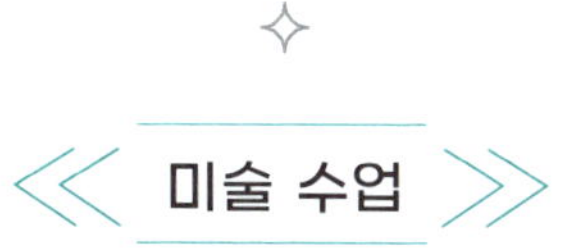

그림을 못 그려도
재미있는 수업은 많다

학생들은 회화에서 물체에 대한 사실성이 중요하다고 여겨지는 때가 오면 대부분 자신이 그림을 못 그린다고 생각하게 된다. 보는 것과 그리는 것이 다르다고 느끼기 때문이다. 사물의 실체를 인식하는 능력이 발달하는 시기이므로 당연한 결과다. 이는 특히 고학년 학생들에게 해당되는 것으로 여학생들보다 글씨도 잘 못 쓰고 정교한 작업에도 미숙한 남학생들이 유난히 더 그렇다. 6학년 남학생이 스스로 그림을 잘 그린다고 말하는 것은 거의 본 일이 없다. 이 시기의 학생들은 대상과 똑같이 그리는 것이 잘 그리는 것이라고 생각하기 때문이다.

이때의 아이들에게는 사실성에 대한 부담감만 덜어주어도 충분히 미술에 흥미를 돋울 수 있다. 남과 다른 독창적인 작품을 만들어내되, 견고하고 성실하게 끝마무리를 하도록 하는 것을 중점적으로 지도하면 사실적인 그림을 그리지 못한다는 것에 대한 부담이 줄어들어 미술 수업에도 흥미를 갖고 참여한다.

5학년 미술 수업을 할 때의 일이다. 평소 그림에 소질이 없다고 생각하던 남학생들이 디자인 수업을 마친 후 '네일 아트'를 주제로 수업을 했을 때 예상 외로 적극적으로 참여했다. 단순히 디자인 수업을 응용한 간단한 활동이었는데도, 학생들은 각자 다른 작품을 만들어내며 무척 즐거워했다.

교사가 다양한 창의적 시도를 강조하고, 실제 수업에서도 단순 회화 중심보다는 회화를 응용한 창의성 수업을 시도하는 것이 학생들의 흥미를 이끌어내는 데 효과적이다. 예를 들어, 수묵화 기본기를 익힌 뒤 종이 부채에 그림과 시를 함께 담아 채색해보게 하면, 단순히 화선지에 그림을 그릴 때보다 훨씬 즐거워한다. 또 명화를 감상한 뒤 핵심 요소만 남겨두고 나머지는 자유롭게 구성하도록 하면 뜻밖의 창의성이 드러난다. 회화뿐 아니라 만들기, 구성, 디자인 등으로 영역을 확장해 다양한 결과물을 산출할 수도 있다. 사실적인 회화 못지않게 이러한 활동 역시 학생들이 미술 수업에 자신감을 느끼고 흥미를 갖게 만들어준다.

활동1. 세계적인 화가가 우리 반에 온다면?

피카소가 방탄소년단을 그린다면 어떻게 그릴까? 고흐가 인스타그램을 했다면 어떤 태그를 붙였을까? 모나리자가 셀카를 찍는다면 어떻게 웃을까? 이런 내용을 상상하게 하고, 이야기 나누고 활동해보게 한다. 뜻밖에 재미있고 다양한 아이디어를 만날 수 있다. 미술 시간에 미켈란젤로의 다비드상에게 운동복을 디자인해서 사인펜이나 매직으로 채색하기를 수업했던 적이 있다. 수업 내내 웃음꽃이 만발했다.

활동2. 오감으로 느끼기

저학년을 가르쳤을 때, 눈 감고 그리기를 시도했던 적이 있다. 학생들이 처음엔 무척 두려워하다가 정말 마음껏 그림을 그리는 걸 보면서 창의성과 아이디어는 틀을 깰 때 나온다는 것을 배웠다. 눈 감고 자유롭게 그리기, 음악을 다양하게 틀어주고 음악이 바뀔 때마다 떠오르는 것들 그리기, 그림의 제목 바꿔보기 등의 활동을 하면 열린 미술 수업을 시도할 수 있다.

활동3. 사진으로 표현하기

휴대 전화로 다양한 사진을 찍는다. 사진 설명을 들은 다음, 좋아요, 공유 등의 스티커를 붙이게 한다. 한 걸음 더 나아가서 사진

전시회를 열어도 재미있다. 디지털카메라 사진 전시회 등으로 다양하게 시도해보자.

활동4. 사물에 그리기

꼭 종이에만 그려야 하는 것은 아니다. 돌멩이, 나뭇잎, 도로 위, 모래 위에도 그릴 수 있다. 물감을 뿌릴 수도 있고, 붓으로 채색할 수도 있고, 매직으로 그릴 수도 있다. 공간을 벗어나면 학생들의 아이디어도 넓어진다.

활동5. 함께 그리기

릴레이로 이어 그리기를 해봐도 좋다. 여럿이 함께 한 장의 그림을 완성해도 좋지만, 정해진 시간만큼 채색을 하고, 이어서 다른 친구에게 넘겨주게 한다. 다양한 도구를 사용해서 그림을 채색하게 하면 저마다 다른 방식으로 표현한다는 것을 배울 수 있다.

활동6. 우리 반 전시회 열기

학생들의 작품을 교실 뒷면에 게시하는 것으로 끝내면 아쉽다. 가정으로 그냥 보내지 말고, 작품마다 QR 코드를 제작해서 붙이고, 학생 작가가 직접 자신의 작품을 설명하는 영상을 찍어서 연결한다. 마치 박물관이나 미술관에서 작가에게 직접 설명을 듣는 것처럼 말이다.

또 그림에 대한 이야기를 짝과 함께 스토리텔링해보게 한다. 친구가 왜 이런 식의 그림을 그렸는지 이야기로 지어내는 것이다. 이를 응용해서 작가 인터뷰 형식으로 진행해도 좋다. '이 그림에서 작가는 무엇을 표현해보려고 했는가?' '이 사람은 누구일까?' '왜 이런 표정을 지었을까?' '이 장면의 앞과 뒤 이야기는 무엇일까?' 등을 인터뷰하고 내용을 모두 녹음하거나 글, 영상 등으로 제작한다. 마찬가지로 QR 코드를 붙이면 훌륭한 작품 설명이 된다.

포토 존을 만들어도 좋다. 커다란 틀을 만들어주고, 좋아요, 댓글, 공유 버튼을 출력해서 붙이면 인스타그램의 포토 존이 된다. 학생들에게 제작, 촬영, 공유까지 맡기면 다양한 작품이 쏟아져 나온다.

6장

공부 머리를 깨우는 개별화 지도 전략

학습 부진의 원인은
무엇일까?

학습 부진이 심각한 아이가 있습니다.
학급에서 지도하려고 해도 어떻게 해야 할지 막막합니다.
학습 부진의 원인과 지도 방법을 알고 싶어요.

학습 부진만큼 교사를 골치 아프게 하는 게 또 있을까. 수업을 하는 내내 마음이 쓰이고, 가르친 다음에도 염려되는 게 배움을 어려워하는 아이들이다. 학습 부진은 교사가 생각하는 것보다 훨씬 요인이 다양하며, 복잡하다.

특히 단순하게 학습을 어려워하는 학습 부진 학생과 학습 자체가 어려운 학습 지진 학생, 그리고 정상적인 지능 영역에 있음에도 기초 학습이 어려운 학습 장애 학생은 서로 다른 영역으로 이해해야 한다. 특히 주의 깊게 살피지 않으면 평소 수업에선 부진이 잘 드러나지 않는 학생도 많아서, 기초 교과에서 교사가 면밀하게 관찰하고 주의를 기울여야 한다.

학습 부진은 정상 지능이지만 학생의 내적·외적 요인으로 교과의 최소 학업 성취 수준에 미치지 못하는 경우를 말한다. 학습 장애는 학습 부진과 마찬가지로 지능은 정상이지만 말하기, 읽기, 쓰기, 셈 하기 등 기초 3RS 영역에서 문제가 나타나는 장애를 말한다. 행동 장애, 주의력 결핍 과잉 행동 장애[ADHD], 우울 장애 등과 동반되기도 하며, 읽기 장애, 수학 학습 장애, 쓰기 장애 등이 있다.

반면 학습 지진은 지능이 평균 이하(70~89)로 학습에 어려움을 겪고 배움이 더뎌 학업 성취가 이루어지지 않는다. 지능이 낮고 교과 전반에 걸쳐 낮은 성취를 보이므로 학습 부진과 다르며, 어느 한 영역에서만 학업 성취가 낮은 학습 장애와도 다르다. 언어 능력, 공간 능력, 대인 관계 및 정서 능력 등 대부분의 영역에서 발달이 느리다.

학습 부진의 8가지 이유

학습 부진의 경우, 간혹 가정에서 '늦되는 아이'로 이해하여 학습에 대한 적극적인 개입과 노력을 하지 않는 경우가 있다. 그러나 학교 교육은 기본적으로 시간이 갈수록 수준이 심화되고 앞에서 배운 내용을 뒤에서 응용하고 적용하는 식의 나선형 교육을 기반으로 한다. 적극적으로 학습을 지원하고 돕지 않으면 한번 부진한 교과나 영역에서 다른 친구들을 따라잡기가 매우 어려워진다.

위에서 살펴봤듯이 다른 것과 혼동하기 쉽지만, 부진은 부진만의 특성이 있다. 학습 부진의 원인은 학생의 성격과 지능을 포함하여 학습 장애, 주의력 결핍, 공부에 대한 가치관, 공부 습관, 교우 관계, 가정 환경 등 학업부터 학업 이외의 것까지 광범위하게 생각할 수 있다.

이유1. 공부 습관 문제

보통은 어떤 식으로 공부해야 하는지 모르고 있거나 공부를 경험해본 적이 없는 경우다. 공부하는 습관을 갖게 하고, 단기 목표로 계획을 세우고 지켜가는 식의 학습 전략을 지도하면 극복할 수 있다. 공부가 습관이 되기까지 걸리는 시간이 있기 때문에 교사가 끈기를 갖고 지도해야만 한다.

이유2. 가정 환경 문제

학습을 잘할 가능성은 있지만 가정에서 적절한 지도와 보살핌이 주어지지 않았기 때문에 생긴 부진이다. 이런 학생들은 교실에서 다른 아이들보다 좀 더 세심하고 따뜻하게 보살펴야 한다. 부모가 돌보지 않고 오랜 시간 방치한 경우, 아이들은 학습이 아닌 사랑에 더 굶주린다. 이런 학생들은 따뜻하게 돌보고 사랑해주는 것이 먼저이며, 꾸준히 누군가가 관심을 갖고 보살펴주어야 부진도 극복할 수 있다. 교사가 애정을 갖고 다가가면 학습에 흥미를 붙이고 부진도 함께 극복하는 경우가 많다.

이유3. 교우 관계 문제

"전에는 공부를 잘하던 애였는데, 고학년에 올라가더니 친구들과 노는 것에만 정신이 팔려 있어요"라고 학부모가 찾아오는 경우다. 이런 학생들은 다른 무엇보다 친구들과 어울려 지내는 것에만 관심이 있기 때문에 이 아이가 속해 있는 또래 집단 전체를 함께 아우르지 않는 이상 해결이 어렵다.

이때 아이는 가장 큰 가치가 학습이 아니라 친구이므로 부진한 것에 대해서도 크게 신경을 쓰지 않는 편이다. 이런 학생의 마음을 이해하고 교우 관계가 왜 그렇게까지 중요해졌는지 그 원인을 파악하는 것이 먼저다. 그리고 꾸준한 상담을 통해서 학생이 학습에 관심을 돌릴 때까지 교사가 기다려줘야 한다.

이유4. 공부에 대한 가치관 부재

이 경우는 공부를 왜 해야 하는지 모르고, 학습에 관심이 전혀 없다. 더 정확하게는 학습 포기라고 하는 게 맞다. 부모가 아이에게 전혀 관심이 없이 방치한 상태로 자라고, 학교에서도 관심을 가져주는 사람이 없으면 학습에 곧 흥미를 잃고 결국에는 부모 세대의 가난을 답습하게 되는 아이들이 이런 경우에 해당한다. 여러 부진 중에서도 가장 안타깝고 슬픈 경우다. 이런 아이들은 마음으로는 자신도 공부를 잘했으면 좋겠다고 막연하게 생각은 하지만 별고민 없이 하루를 보낸다. 이런 아이들에게 필요한 것은 공부를 왜 해야 하는가보다 꿈을 갖는 것이 얼마나 가치 있는 것인지를 가르쳐주는 게 우선이며, 꿈을 이루기 위해서 공부를 해야 한다는 것을 느끼게 해야 한다.

특히 틈날 때마다 "네가 다른 친구보다 잘하는 게 있어. 너는 가치 있는 사람이야"라고 자꾸 말해주어야 한다. 공부도 중요하지만 더 나은 삶을 살고 싶어 하는 마음 자체를 포기해버리는 아이들이 이 마지막 사례에서 가장 많이 나오기 때문에 어려운 환경에서도 끝까지 포기하지 않고 노력하여 성공한 위대한 인물에 대한 이야기를 들려주고 꿈을 가질 수 있도록 끝없이 지도해야 한다.

이유5. 학업 스트레스

내내 잘 해오다가 학습에 흥미를 잃고 성적이 곤두박질치는 경우다. 주로 사춘기에 접어든 고학년 학생들에게 나타나는 모습이지만, 요즘은 저학년 학생들 가운데서도 지나친 사교육 등으로 학습에 일찌감치 흥미를 잃는 아이들이 많다. 학부모는 아이가 다니던 학원을 바꾸면서 환경에 변화를 주지만, 정작 학생 자신은 공부라면 넌더리가 난다고 생각하기 때문에 쉽게 달라지지 않는다. 부모의 지나친 교육열과 높은 기대가 아이를 오히려 공부에서 멀어지게 하는 경우라서, 학부모와 진지하게 상담해보는 게 좋다. 학부모에게 교사로서 지켜본 아이의 학습 수준과 상태를 부드럽고 객관적으로 설명하고, 아이에게서 학업에 대한 지나친 부담과 스트레스를 덜어줄 수 있도록 협조를 구하는 게 좋다.

이유6. 학습된 무기력

심리적인 것이 부진의 원인인 경우, 무기력이 학습되어 있을 때가 많다. '나는 수학을 못해' '나는 국어를 못해' 같은 생각이 깊이 배어 있어서 자신감이 없다. 이런 아이들은 평소에 조금이라도 잘하는 것을 눈여겨봐두었다가 크게 칭찬하여 용기를 내도록 북돋는 것이 좋다. 잘하는 것이 하나라도 눈에 띌 때 바로 그 자리에서 칭찬하고, 이 칭찬을 시작으로 다른 일에도 흥미를 갖고 노력할 수 있게 격려해줘야 한다.

이유7. 낮은 지능

저학년에서부터 꾸준히 모든 과목에서 심각한 부진을 보여온 경우 가운데 지능이 낮은 경우도 있다. 지능이 낮아서 아무리 해도 학습을 따라갈 수 없는 경우는 학습 지진이라고 봐야 한다. 학습 지진은 의사의 도움으로 정확한 진단을 받기 전까지는 명확하게 구분하기 어렵기 때문에 교사 입장에서는 답답할 수밖에 없다. 그렇다고 학부모에게 아이의 지능이 낮아 보인다는 말을 솔직하게 하기도 불편할 것이다.

이때 교사가 눈여겨볼 부분은 신체 발달과 사회성 부분이다. 지능이 낮은 학생들은 대체로 대근육과 소근육 발달이 지연되고, 다른 학생과 정서상 공감과 교류가 어렵기 때문에 사회성도 떨어진다. 또한 언어 장애, 학습 장애가 동반된 경우가 많아 전문적인 교육과 치료가 뒤따라야 하므로 심각하게 학업 수준이 떨어지면서 이런 징후를 보이는 학생이라면 유심히 살펴서 기록해두는 게 좋고, 혹시라도 학부모와 상담을 하게 된다면 객관적으로 기록했던 내용으로 이야기해야 한다.

이유8. 주의력 결핍 과잉 행동 장애

그 밖에도 주의력 결핍 과잉 행동 장애와 같이 산만함이 원인이 되어 부진 학생이 되는 경우도 있다. 그나마 눈에 띄게 산만하여 ADHD인 것이 일찍 발견되면 조치를 취할 수 있지만, 간혹 조용한 ADHD(산만하기보다는 주의력이 떨어지는 경우)도 있다. 이 경우는 부모나 교사가 눈치채지 못할 때가 많다. 학생의 학업 성취도가 떨어지면서 수업 중 딴생각에 자주 빠져 있거나 모둠 활동과 과제 수행을 할 때 지나치게 느린 경우 의심해볼 수 있다.

교실에서 주의 깊게 관찰해보면 이런 원인들이 다양하고 복합적으로 얽혀 있는 경우도 많다. 한 가지 요인이 아니라, 가정에서의 오랜 방치와 무관심, 어릴 때부터 학습된 무기력, ADHD와 같은 주의력 결핍 등이 복합적으로 작용하여 학습 부진이 된 경우라고 할 수 있다. 학습 부진의 이유는 이렇게 단순하지 않지만, 우리가 생각하는 것보다 아이들의 잠재적 가능성은 크다. 그 가능성을 보고 한 걸음씩 걸어보자.

학교 학습을 할 수 있는 기본적인 지적 능력과 신체 능력을 갖춘 학생이라면 학습 부진이 한순간에 찾아오지는 않는다. 학습 부진은 오랜 시간에 걸쳐 쌓여온 것이고, 이것을 극복하기 위해서는 그만큼의 시간과 노력이 반드시 필요하다. 임계점에 다다를 때까지의 꾸준한 노력을 학생이 할 수 있도록 돕는 것이 관건이다.

목표를 작게 쪼개어 계속 도전하게 하라

교사에겐 학습 부진이 바위와 같다. 너무나 견고하고 비집고 들어갈 틈도 없어 보인다. 하지만 바위를 뚫는 것도 작은 물방울 하나에서 시작된다. 바위를 뚫는 물방울은 처음엔 아주 작은 흠집부터 낸다. 눈에 보이지도 않는 그 작은 흠집 내기를 반복하고 반복하고 또 반복하면 결국엔 구멍이 뚫린다. 한 번에 큰 변화를 기대하기보다는 매일 조금씩이라도 꾸준히 노력해야 한다. 물방울이 시간이 지나면서 단단한 바위에 구멍을 뚫어내듯, 작은 성취들이 쌓이면서 결국 큰 변화를 만들어낸다. 포기하지 않고 지속하는 힘이야말로 학습 부진을 극복하는 가장 확실한 방법이다.

단기 목표를 세우고 끈질기게 반복하라

학습 부진은 원인에 따라 접근 방법을 달리해야 한다. 앞에서 살펴본 것과 같이 원인이 다양하므로 먼저 교사가 학습 부진의 원인을 파악하고 그에 맞게 대책을 세우는 것이 중요하다. 사실 학급에 부진 학생이 한 명만 있어도 수업을 할 때 그 학생에 대해 신경을 쓸 수밖에 없고, 이런 학생이 여럿이라면 그 학급에서 수업하는 교사는 무척 힘들 것이다. 실제로 새내기 교사들과 인터뷰 과정에서 이 부분을 고민하는 교사들이 매우 많았다.

학생 수가 10명 남짓한 소인수 학급에서는 개별화 학습이 가능하기 때문에 부진 학생이 없을 것 같지만 현실은 그렇지 않다. 부진 학생은 어느 학급에나 있고, 그 지도는 경력이 많은 교사에게도 쉽지 않다. 어쩌면 이것은 가르치는 모든 이의 고민이라고도 할 수 있을 것이다.

그렇지만 공부를 못 하는 아이는 없다. 공부를 안 해봤거나 속도가 느릴 뿐이다. 방법을 모르는 아이에게는 방법을 가르쳐주고, 목표가 없는 아이에게는 목표를 갖도록 해주고, 느린 아이는 조금 더 기다려줘야 한다. 학습 부진의 원인에 따라 대응도 달리해야 하지만 기본적으로 단기 목표를 세우고 그 목표를 성취해가게 하는 것과 어느 수준에 다다를 때까지는 끈질기게 반복 학습을 시켜야 한다는 것만은 부진 학생을 위한 공통된 지도 방법이다.

부진 학생은 대부분 자존감이 떨어진다. 자신감이 없으니 수업에 대한 흥미가 떨어지고, 새로운 걸 알고 싶은 마음도 없다. 다른 아이들보다 학습 속도가 느리니 교사에게 타박을 들을 때도 많다. 이런 악순환이 이어지면 완전한 부진으로 굳어지고 좀처럼 성과를 보기 어렵게 된다. 수업 시간에 학생을 그냥 내버려두는 것만으로도 부진은 심각해지고, 부진 학생을 돕기 위해 모둠을 새로 조직하는 것만으로도 아이에게는 긍정적 영향을 줄 수 있다. 적어도 학습을 해나갈 수 있는 능력을 가진 학생이라면 느려도 조금씩 성장하기 마련이다.

ADHD 학생을 어떻게 도울 수 있을까?

이탈리아에서 수업 참관을 했을 때 ADHD 학생을 위해 보조 교사가 배치된 것을 보았다. 독일에서도 같은 사례를 보았다. 이들을 위한 책상이 교실 뒤편에 하나 더 있고, 보조 교사가 수업을 도와주고 있었다. 다른 친구의 수업을 방해하고 본인의 학습에서도 자주 산만해지는 ADHD 학생을 위한 일종의 배려였다.

ADHD 학생은 과제를 작게 쪼개주어야 한다. 다른 아이들은 과제를 제시하면 과제를 이해하고 수행하기 위해 계획을 세우지만,

ADHD 학생들은 계획을 세우거나 앞일을 예측하는 것이 상대적으로 어렵다. 게다가 다른 아이들보다 빨리 산만해지고 오래 집중하지 못한다. 이런 아이들을 위해서는 교사가 따로 세부적으로 단계를 나누어 작게 과제를 제시해야 한다. 그러려면 아무래도 교사와 가까운 곳에 학생을 앉혀 수업 중에도 최대한 자주 과제 수행 정도를 체크하는 게 좋다.

예를 들어, 수학 시간에 익힘책 문제를 풀 때도 다른 아이들이 한쪽 문제 전체를 풀고 함께 답을 확인한다면 ADHD 학생은 2개 풀고 체크, 2개 풀고 체크하는 식으로 접근해야 한다. 이때 체크는 옆 짝이 할 수도 있고, 모둠원 중 속도가 빠른 친구가 할 수도 있고, 교사가 할 수도 있다.

중요한 것은 이런 식으로 도움을 줄 수 있는 사람이 ADHD 학생 곁에 항상 있어야 한다는 것이다. 소인수 학급에서라면 교사가 학생을 직접 지도하고 도울 수 있겠지만, 그럴 수 없는 상황에서도 학생의 학습을 확인하고 도울 수 있는 짝이 필요하다. 또한 자주 흐트러지는 주의를 최대한 오래 갈 수 있게 하기 위해 학생 주변의 산만해질 수 있는 모든 원인을 제거해야 한다. 손으로 만지작거릴 물건은 책상에 아예 올려놓지 않게 하고, 수업에 필요한 물건 이외에는 아무것도 두지 않아야 한다.

특정 과목에서만 부진한 경우에는 과목의 성격에 따라 달라지므로 과목에 따라 방법을 달리한다. 짧은 시간에도 성과를 보여주므로 다소 힘들더라도 보람 있을 것이다. 특정 과목 부진 학생을 지도하기 위해서는 다음과 같은 노력이 필요하다.

첫째, 목표를 작게 쪼개어 할 수 있다는 성취감을 맛보게 한다. 자존감이 떨어지고 학습 의욕이 낮은 부진 학생들에게는 작은 목표를 꾸준히 달성해가는 과정을 통해서 학습의 성취감을 맛보게 해야 한다. 누구든지 노력하면 공부를 잘할 수 있다는 것을 아이들이 깨닫는 것은 쉬운 일이 아니다. 특히 학습 의욕과 성취가 낮은 학생들은 더욱 그러하므로 학생들에게 작은 단계로 목표를 나누어 미션을 수행하듯 성취감을 맛보게 한다.

둘째, 처음으로 되돌아가기식의 반복 학습을 한다. 수학뿐 아니라 사회를 못하는 학생의 경우에도 가장 좋은 방법이다. 암기가 안 되는 학생은 반복 학습이 부족해서다. 이런 경우 첫날은 1쪽부터 5쪽까지, 둘째 날은 1쪽부터 8쪽까지, 셋째 날은 1쪽부터 10쪽까지 공부하게 한다. 이렇게 꾸준히 반복하면 앞부분이 자연스럽게 외워진다. 암기 능력의 부족은 반복으로 이겨낼 수 있다.

셋째, 처음부터 높은 성취를 기대하지 않아야 한다. 부진 학생을 지도하다 보면 어느 정도 욕심이 생기기 마련이다. 100을 가르쳤으면 100을 해낼 것으로 기대하기 때문에 교사가 먼저 지치게 된다. 그러나 부진 학생을 지도할 때는 높은 성취를 기대하지 않아야 끝까지 갈 수 있다. 자칫 기대치를 높게 잡으면 '내가 이만큼 지도했으니까 이만큼은 해내겠지' 하고 아이에게 학습을 강요하게 된다. 부진 학생의 속도는 일반 학생과 다르다고 생각하고 충분히 기다릴 수 있어야 한다.

넷째, 교재는 늘 교과서가 기본이다. 교과서는 학습의 가장 기본이다. 기본을 철저하게 반복하는 것이 부진 학생 지도에서는 가장 중요하다. 부교재보다 교과서의 내용을 이해하는 것에 초점을 두고 지도해야 한다. 교과서 내용을 80% 이해하는 것을 목표로 하고, 학생 수준이 정말로 심각하게 낮을 경우에는 60% 이해를 목표로 지도한다. 만약 교과서의 단원 평가에서 목표치에 도달하지 못한 경우 단원의 앞으로 돌아가 다시 가르친다.

부진 학생의 지도가 어려운 데에는 이런저런 많은 이유가 있으나, 사실 '너무 힘들다'는 것이 가장 큰 문제다. 해야 할 다른 일이 많은데도, 이 아이에게 더 신경 써야 하니 교사에겐 부담일 수밖에 없고, 해도 해도 쉽사리 아이의 학습 역량이 잘 늘지 않으니 지칠 수밖에 없다. 그럼에도 마음을 다잡아야 한다. 의무 교육 과정조차 제대로 이수하지 못한다면 그 아이는 다른 아이들과 출발선이

다를 수밖에 없기 때문이다. 배움의 속도가 느린 이 아이들에게 최

소한의 희망을 주는 것이 부진 학생 지도라고 생각하고 꾸준히 도

전해보자.

국어, 수학, 역사…
과목별 부진 학생 지도법

과목별로 부진 학생을 지도하는
구체적인 방법을 알려주세요.

학습 부진은 다시 강조하지만, 작은 목표부터 차근차근 시작해야 한다. 학생이 어느 단계에서 막혔는지 정확히 진단하고, 그 지점부터 1단계씩 올라가는 것이 가장 효과적이다. 무리해서 현재 학년 수준을 따라잡으려고 하기보다는 기초가 부족한 부분을 먼저 채워나가는 인내심이 필요하다. 이걸 '도돌이표 공부법'이라고 나는 표현한다. 잘 모르고 지나온 부분을 찾아내서 그 자리부터 다시 시작하는 식이어야 학습 부진을 해결할 수 있다.

분수를 못하는 학생은 나눗셈을 못하고, 나눗셈을 못하는 학생은 곱셈을 못하고, 곱셈을 못하는 학생은 구구단을 잘 못 외운다.

그렇다면 분수를 못하는 학생이 분수를 푸는 것이 빠를까, 아니면 잘 몰랐던 구구단부터 시작하는 것이 빠를까. 분수 문제를 풀면 해결될 것 같지만 아니다. 도돌이표 공부법으로 다시 처음으로 돌아가서 새로 시작해야 한다. 이 원리를 이해하지 못하면 학습 부진은 해결이 매우 어렵다.

매일 조금씩이라도 꾸준히 반복 학습을 통해 작은 성취를 쌓아간다면, 결국 단단한 바위에 구멍을 뚫어내듯 학습 부진이라는 벽을 뚫고 나갈 수 있다. 포기하지 않는 지속적인 노력과 체계적인 단계별 접근이야말로 학습 부진 극복의 핵심이다. 과목별로 몇 가지 지도 방법을 소개했다. 찬찬히 실천해보길 바란다.

국어과 부진 학생을 위한 4단계 지도법

국어 실력은 어휘에서 결정된다. 새로운 단어를 습득하는 가장 좋은 방법은 단연 독서다. 그러나 동화책을 읽어서 국어 부진을 해결하고자 한다면 그것은 너무 오랜 시간이 필요하다. 평소에 다른 학생들보다 좀 더 신경 써서 부진 학생의 독서를 지도하되, 실제 국어 점수가 심각하게 부진한 경우에는 교과서 위주로 다시 지도해야 한다.

먼저 교과서를 소리 내어 읽게 하고, 더듬거리는 부분은 베껴 쓰게 한다. 교과서를 읽어보게 했을 때 더듬거리는 학생은 이미 문장 해독력은 더 떨어진다. 단어가 낯설기 때문에 더듬거리면서 읽는 것이고, 이 때문에 문제를 제대로 이해하지 못하여 평가에서는 점수가 더 낮게 나온다. 소리 내서 읽는 것이 자연스러워질 때까지 짧은 글을 반복해서 읽히고, 틀리지 않고 읽으면 다른 글에 도전하게 한다. 이때 몇 번이고 반복해서 읽으면서 모르는 단어는 체크해서 교사에게 물어보게 하고, 짧은 글짓기를 통해 익힌 단어를 응용해보게 한다.

부진이 심각한 상태면 이런 방법으로 1학년 읽기 교과서부터 지도하는 것이 가장 좋다. 그 정도로 심각하지 않으면 전 학년도 읽기 교과서부터 시작한다. 교과서는 모든 학습의 기본이다. 기본기를 익힌다는 마음으로 교과서부터 지도하는 것이 좋다. 다음 소개하는 4단계 지도 방법은 정말로 숱하게 많은 부진 학생을 구제하면서 터득한 방법이다.

1단계. 교과서를 소리 내 읽는다.

소리 내서 정확하고 자연스럽게 읽기에 초점을 두는 단계다. 일정 분량을 정해놓고 교사나 학부모가 듣는 데서 교과서를 읽고, 읽은 만큼 스티커를 붙여주는 식으로 매일 체크한다. 분량은 15~20분 정도가 적당한데, 상대적으로 집중력이 짧은 부진 학생들은 그보다 읽는 시간이 길어지면 이미 주의력이 흐트러지기 때문에 최대 20분을 넘지 않도록 한다.

2단계. 읽은 내용 중 일부를 받아쓴다.

베껴 쓰거나 받아쓰는 단계다. 맞춤법과 글씨를 중점적으로 지도하는 단계로 국어 부진 학생 대부분은 맞춤법 역시 엉망이다. 단어 위주로 쓰다가 실력이 조금이라도 늘면 짧은 문장을 쓰게 하는데, 3학년 이상이라면 짧은 문장이라도 하루에 5문장 정도는 받아쓰기를 하여 문장을 정확하게 쓰는 훈련을 해야 한다. 단, 1~2학년은 읽기가 되는 학생이면 서서히 쓰기도 좋아지는 경우도 많다.

3단계. 내가 쓴 글을 읽어본다.

쓴 글을 다시 읽어보게 하는 단계다. 한글은 조형 원리상 글자와 읽는 소리가 같다. 따라서 자신이 쓴 글과 소리 내어 읽는 것이 같아야 함을 가르쳐준다. 이 훈련이 특히 중요한 이유는 우리 한글은 소리 나는 대로 글을 쓰게 되어 있는 매우 쉬운 글자이기 때문이다. 이는 《훈민정음해례본》에서 "아무리 우매한 자라도 열흘이면 원리를 깨우칠 수 있다"라고 이미 500여 년 전에 세종대왕이 설명했다. '한글의 조형 원리를 설명하는 것이 학습 부진에 무슨 도움이 될까?' 하고 생각할 수 있겠지만, 아이들도 원리를 깨우치면 한

글을 배우는 데에 뜻밖에 도움이 된다.

특히 단어에 따라서 소리 값이 달라지는 영어와 달리 한글은 소리가 정확하고 표기가 쉬운 글자다. 한 소리에 한 글자씩 적는 글자이고, 소리 나는 모든 것을 말과 일치하게 적을 수 있다. 아이들에게 이러한 원리를 설명하면서 한글은 소리 나는 대로 쓰되 규칙을 지키면 된다는 것을 지도한다.

예를 들어, '잃다'는 [일타]로 소리 내는 것이 겹받침의 원리에 맞다. '집으로'는 [지브로]로 소리 난다. '집' 뒤에 오는 '으'가 반모음이므로 앞의 'ㅂ'이 뒤로 가 [지브로]로 발음된다는 원리를 설명해주는 것이다.

이렇듯 읽을 때 바르게 소리 내야 하며, 이를 위해서는 소리 내는 과정을 설명하고 충분히 발음 훈련까지 지도해야 한다. 이런 원리를 설명해주고 같은 원리의 단어들을 반복해서 읽어보게 한다. 학생들이 무의식적으로 사용해온 말이지만, 정확한 원리를 알고 나면 말과 글의 관계를 좀 더 직관적으로 이해할 수 있게 된다.

4단계. 배운 문장으로 짧은 글짓기를 한다.

짧은 문장으로 문장을 지어보게 한다. 즉, 국어 부진은 소리내기, 읽기, 문장 짓기 3가지로 지도하는데, 문장 짓기는 익힌 단어와 문장을 내 것으로 만드는 가장 중요한 단계다. 앞의 1, 2, 3단계가 읽기와 소리내기에 중점을 둔다면, 4단계는 응용하면서 좀 더 확실하게 익히는 과정이라고 할 수 있다.

익힌 단어가 언제 어떤 식으로 쓰이는지 학생 스스로 익히는 단계이므로 혹시라도 이 단계를 어려워한다면 책에 나오는 문장을 베껴 쓰고, 주어와 술어를 바꿔 써보게 하는 식으로 바꾸어 지도한다.

수학과 부진 학생을 위한 지도법

수학은 기초 연산이 문제가 되는 경우가 가장 많다. 연산이 안 되는 학생은 사칙 연산을 집중적으로 매일 일정량 풀게 한다. 연산에 걸리는 시간을 단축시키고, 실수를 줄이기 위해서는 직관적으로 풀 수 있을 정도로 꾸준한 반복이 필요하다. 진단을 통해 수, 도형, 연산, 측정, 통계, 문제 해결 등과 같은 다양한 수학과 영역에서 어느 부분이 미흡한지 확인하여 전 학년도 수학 교과서의 같은 영역부터 다시 지도한다.

수학은 자신 없는 부분은 무조건 해당 영역의 맨 처음으로 돌아간다고 생각하고 가르쳐야 한다. 교과서 문제의 80% 이상을 해결하지 못하면 단원 처음부터 다시 지도한다. 목표 점수 80점을 맞는 것을 원칙으로 하고 지도해야 부진을 구제할 수 있기 때문이다.

중학년 이상에서 기본 연산이 안 되는 학생들은 구구단이 문제인 경우가 많다. 학생을 조용히 불러서 7단이나 8단을 외워보게 하고, 안 되면 한 단씩 내려서 어디부터 모르고 있는지 체크한다. 체크가 정확하게 끝난 다음에는 저학년 교과서부터 다시 가르친다. 처음엔 저학년 교과서를 전부 새로 가르친다고 생각하니 오래 걸릴 것 같지만 이미 한 번 배운 내용이기 때문에 생각보다 진도가 쉽게 나간다. 이때 교과서 예시 문제만 풀게 하고, 틀린 문제는 공책에 다시 풀게 한다.

특히 단원마다 평가를 통해 학생의 이해 정도를 파악해두어야 부진이 쌓이는 것을 막을 수 있다. 단원 평가에서 80점 이하인 학생은 재시험을 보게 하고, 재시험을 통과하지 못한 학생은 개별적으로 지도한 후 같은 문제를 다시 풀게 하는 식으로 반복해서 지도한다.

수학 점수를 5점에서 90점으로 끌어올린 이야기

5학년을 가르칠 때다. 다른 과목도 대체로 부진했지만 특히 수학 점수가 심하게 낮은 아이가 둘 있었다. 학기 초 진단 평가에서 한 아이는 5점, 한 아이는 15점을 받았다. 그때 반 평균은 80점을 넘고 있었다. 진지하게 체크해보았다. 나눗셈이 문제인가 했더니 곱셈이 문제였고, 곱셈이 문제인가 했더니 한 명은 구구단을 2단까지만, 한 명은 3단까지만 간신히 외우고 있었다.

부진 학생을 지도할 때 교사의 의지보다 중요한 것이 학생의 배우고자 하는 의지다. 배우고 싶어 하는 마음이 없다면 오래가지 못하고 포기하고 만다. 그래서 아이들에게 먼저 물었다.

"너희들이 도와달라고 하면 도와줄 거야. 선생님은 너희들을 돕기 위해 있는 사람이니까. 그런데 앞으로도 이렇게 5점이나 15점을 받는 걸로 만족하겠다면 그냥 두고 싶어. 만약 선생님하고 공부하겠다면 선생님이 최선을 다해 도와줄게. 그때부턴 정말 열심히 해야 돼. 중간에 포기하거나 그만두지 않는다는 조건으로 시작하는 거야."

한 아이는 한참 생각하더니 5점은 좀 그렇고 앞으로 50점만 맞아도 좋겠다고 말했고, 다른 아이는 그 옆의 아이보다 잘하기만 하면 된다고 했다. 아이들 눈빛이 많은 걸 이야기하고 있었다. 아이들이 원하는 것은 50점이 아니었다. 이 아이들은 "넌 공부를 못해"라는 말에서 벗어나고 싶어 했다. 나는 1년의 시간을 이 아이들에게 걸어보기로 마음먹었다.

가장 먼저 2학년 수학 교과서를 얻어오게 했다. 처음 몇 교실에서 교과서를 얻지 못하고 돌아오는 아이들에게 그 정도 수고도 하지 않고 저절로 얻어지는 것은 없다고 단호히 말했다. 그리고 몰래 다른 학년 선생님들에게 전화를 해서 아이들이 찾아가면 수학 교과서를 주도록 부탁했다. 선생님들은 두 아이에게 기꺼이 깨끗한 수학 교과서를 전해주셨고, 내가 부탁한 대로 열심히 공부하라는 격려도 함께 곁들여주었다.

그렇게 해서 2학년 2학기 수학 교과서부터 다시 가르쳤다. 외우는 것을 해본 적이 없는 아이는 외우는 것도 몹시 힘들어했다. 2단에서 9단까지 완벽하게 외우는 데 두 아이 모두 3주 이상이 걸렸다. 3단이나 4단에서 조금이라도 더듬거리면 2단으로 다시 돌아가기를 수없이 반복했다. 말 그대로 수없이 반복했다. 외우고 또 외우고, 외우고 또 외웠다.

공부란 원래 하는 사람이 잘하게 되어 있다. 일단 공부하기 시작하면 두뇌가 깨어서 움직이기 때문이다. 그동안 머리를 쓰지 않고 내버려두기만 했다면 공부를 위해 뇌를 깨워 준비하는 시간이 필요하다. 아이들은 3주 이상 구구단만 외우면서 워밍업의 시간을 가졌다.

구구단을 외운 다음부터는 오로지 교과서만 가지고 지도했고 한 단원을 가르친 다음, 단원 평가에서 80점을 넘지 못하면 교과서를 다시 풀게 했다. 일주일에 세 번은 아이들과 같이 공부했고, 하루 학습 분량은 아이들의 학습 수준을 고려하여 한 번에 최대 30분을 넘기지 않았다.

처음에는 공부하는 습관을 기르는 데 목표를 두고 매일 같은 시간에 책상 앞에 앉아 있는 것만 했다. 습관이 되어 자연스럽게 월, 수, 금은 공부하는 날로 인식하게 되었을 때부터는 공부에 대한 자신감을 주기 위해서 일주일의 첫 지도 시간에 아이들이 해내야 할 학습 목표에 대해 설명해주었다.

"이번 주에 우리가 할 분량이야. 네가 오늘 할 분량은 여기부터 여기까지인데, 시간은 40분 정도 생각하고 있어. 선생님은 네가 할 수 있을 거라고 믿어."

목표를 달성했을 땐 아낌없이 칭찬해주었고, 평소 수업 시간에도 주의를 집중하는 척만 해도 기뻐해주었다. 나와 공부 시간을 맞추기 어려울 때는 과제로 제시하기도 했지만 과제를 잘 해오는 아이들도 아니었고, 진도가 쉽사리 나가지 않아서 애먹는 날도 많았다. 그래도 분명한 건 매일 조금씩 아이들이 나아지고 있다는 것이었다.

3학년의 삼각형과 각에 대해 이해하게 되었던 날 "거봐, 너희들도 얼마든지 할 수 있잖아"라고 아무렇지 않게 말했지만, 진심으로 기뻤다. 그것이 시작이 될 수 있을 거라고 믿었고 정말로 거기서부터 시작이었다. 그렇게 2~5학년 과정의 모든 수학 교과서로 씨름한 결과, 학년 말 시험에서 한 아이는 85점, 한 아이는 90점을 받았다. 무려 1년을 투자한 보람을 느낀 순간이었다. 아이들은 몹시 행복해했고, 나 역시 진심으로 기뻤다.

아이들에게 투자하는 시간은 그만큼의 보람으로 돌아온다. 다소 힘들고 지루한 과정이겠지만 그만한 보답이 반드시 있는 것이 부진아 지도다. 쉬운 길이 아닌 먼 길로 돌아간다고 생각하고 도전해보길 바란다.

역사과 부진 학생을 위한 지도법

간혹 역사만 특히 못하는 학생도 있다. 역사 과목이 처음 등장하는 5학년에서 그렇다. 아이들에게 물어보면 외워야 할 것이 너무 많아서 그렇다고 하지만, 사실 전체적인 흐름과 사건의 핵심이 되는 개념어들을 이해하지 못하면 학습 부진이 되기 쉽다. 이런 아이들에게는 교과서에 나오는 개념어를 하나씩 제 손으로 정리해가도록 한다.

공책에 가로로 연대표를 그리고 그 아래에 자기 손으로 정리한 교과서 속 핵심어들을 정리해가는 방법을 가르치면 역사의 전반적인 흐름을 이해하는 데도 도움이 될 뿐 아니라 핵심 사건과 단어들을 익히는 데도 좋다.

사회 시간에는 칠판에 가로로 길게 막대 그래프를 하나 그려놓고, 그 위에 학생들과 같이 수업 시간에 다룰 핵심 사건을 기록한다. 관련된 주요 인물이나 사건 내용을 세로로 적어가고, 추가로 보충해야 하는 내용은 네모 박스로 따로 표시한다.

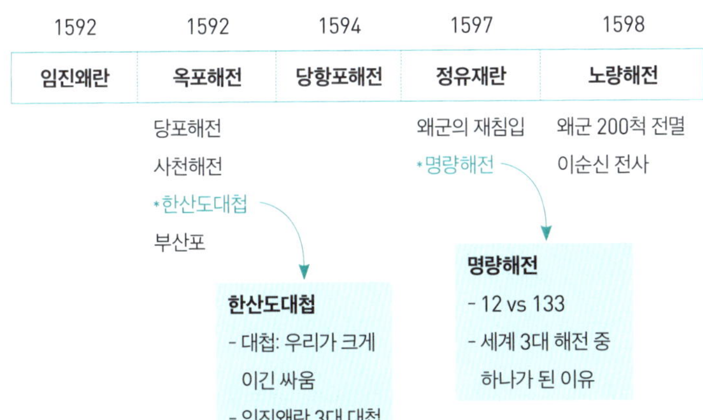

'임진왜란과 이순신의 업적' 개념어 정리

에빙하우스의 망각 이론에 따르면 학습하고 나서 10분이 지나면 망각이 시작되고, 1시간이 지나면 70% 가량을 잊어버리게 되고, 한 달 후에는 약 80% 이상이 기억에서 사라진다고 한다. 그래서 에빙하우스는 이러한 망각의 특성상 오랫동안 기억을 지속시키기 위해서는 복습만이 가장 효과적인 학습 방법이라고 했다. 쉽게 정리하면 암기는 반복으로만 해결할 수 있다. 되풀이하여 학습하되 기억의 주기를 역이용해야 한다. 잊어버릴 즈음 다시 외우고, 또 잊어버릴 즈음 다시 외워야 한다.

앞에서도 말했듯이 반복은 암기를 돕는 가장 좋은 방법이다. 첫째 날 1쪽부터 5쪽까지 공부하고, 둘째 날 1쪽부터 10쪽까지, 그 다음 날은 1쪽부터 15쪽까지 공부하는 식으로 앞서 공부한 내용을 포함하여 공부하는 방법으로 해야 앞부분을 뒷부분에서 잊어버리지 않는다. 평소 수업을 할 때도 이런 부분을 염두에 두고 수업을 시작할 때 앞 시간에 배운 내용을 복습하는 시간을 갖는다.

역사가 자신 없는 경우는 무조건적인 암기보다는 시간적인 흐름을 염두에 두고 통째로 이해할 수 있을 정도로 훑어보듯이 꾸준히 읽는 것이 중요하고, 특히 재미있는 역사 인물 이야기나 책을 통해 역사에 흥미를 잃지 않도록 하는 것 역시 중요하다.

학습 동기가 사라진 아이를
다시 일으키는 법

‘모멘텀’은 운동량, 탄력, 여세, 계기를 뜻하는 단어다. 주식 분야에서는 정부 정책 등으로 거래량이 갑자기 증가할 때처럼 변화가 일어나는 때를 말한다. 또 심리학에서는 행동 변화를 일으키는 계기를 말하는데, 이를 활용한 행동 수정 기법을 ‘행동 모멘텀 기법’이라고 한다.

자동차의 왕이라고 불린 헨리 포드는 “우리가 그것을 작은 일로 나눈다면 어떤 것도 특별히 어렵지는 않다”라고 말했다. 목표에 도달하기 위한 가장 좋은 방법은 목표를 잘게 쪼개는 것이다. 단기간 달성할 수 있는 목표, 중기간 달성할 목표, 장기간 달성할 목표로 나누어 접근하면 어떤 것도 해결하지 못하는 과제는 없다.

부진 학생을 지도하는 것은 한 계단 한 계단 오르는 것과 같다. 실력이 늘지 않고 정체된 것처럼 느껴지지만, 꾸준히 지도하다 보면 학생의 수준이 수직적으로 향상되는 것처럼 느껴지는 기적의 모멘텀이 찾아온다.

학생의 공부 머리가 깨이는 순간

모든 기술적인 학습은 반드시 아래와 같은 단계를 거친다. 피아노도, 수영도, 영어도, 한국사도 다 마찬가지다. 누구도 정체기 없이 확확 늘진 않는다. 우리 눈엔 안 보일지 몰라도 다음 레벨 업을 위해 정체기를 지나고 있다고 믿으면서 가르쳐야 하고, 학생 스스로도 반드시 그렇게 믿어야 한다. 그래야만 끝까지 버텨낼 수 있다.

정상적인 학생이 하루아침에 부진 학생이 되진 않는다. 마찬가지로 부진 학생이 몇 번 보충 지도를 받았다고 해서 학습 부진에서

성장과 정체의 계단

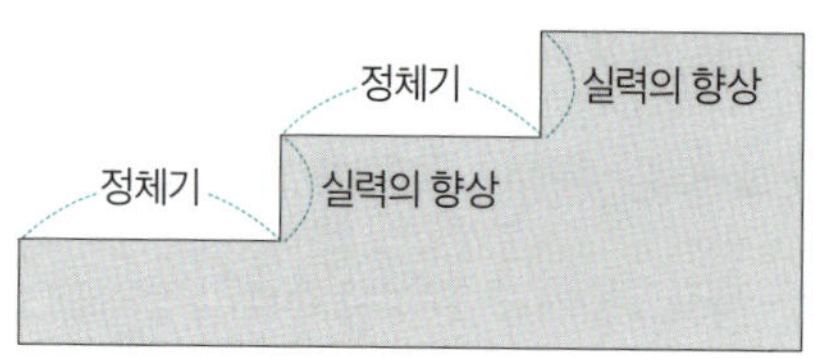

벗어날 수 있는 것도 아니다. 꾸준히 쌓인 것은 꾸준히 해결해가는 수밖에 없기 때문에 성취하고자 하는 목표를 쪼개고 나누어 꾸준한 지도를 하는 것이 최선의 방법이다.

이때 학생들에게 필요한 것은 단기, 중기, 장기 학습 계획이며 단기 계획은 일주일 단위로 세우고, 중기 계획은 월별로 세운다. 장기 계획은 학습 부진이 해결될 것으로 기대하는 연말을 목표로 삼아야 한다. 또한 기존의 것을 복습하다가 현재의 공부를 놓쳐서는 안 되기 때문에 이때의 학습 계획에는 현재의 공부를 놓치지 않고 따라가는 것까지 염두에 두어야 한다.

먼저 셀프 학습 체크리스트를 만들어주고, 학생들에게 단기 계획으로 일주일 단위의 공부 분량을 정하고 실천한 것을 체크해보도록 한다. 중기 계획에 해당하는 월별 학습 계획은 교사와 함께 어느 부분까지 공부해야 할지 파악한 뒤 세우도록 한다. 끝으로 장기 계획은 교사가 세워야 한다. 이유는 학생을 지도하는 교사야말로 어느 부분까지 지도해야 하는지 가장 잘 알기 때문이다.

중요한 것은 매일 꾸준히, 일정 분량을 공부하는 것이다. 공부를 해본 적 없는 학생을 지도할 때는 일정 분량을 꾸준히 하는 습관을 갖도록 하는 것이 가장 첫 번째 목표라고 생각하고, 시간을 충분히 가져야 한다. 머리를 쓰는 것이 익숙해질 때까지는 워밍업이라고 생각하고, 쉽고 단순한 것부터 완벽하게 익히도록 한다. 수학 부진 학생은 구구단을 외우게 하고, 국어 부진 학생이라면 단어를 완벽하게 받아쓸 수 있을 때까지 반복하게 한다.

분명한 것은 끝이 없어 보이지만 어느 순간 학생의 두뇌가 깨이는 순간이 온다는 것이다. 이 벽을 넘지 못하고 대부분은 포기해버리기 때문에 한번 부진한 과목에서 좀처럼 벗어나지 못한다.

학습 부진이 넘기 어려운 벽인 것은 학생에게나 교사에게나 마찬가지다. 담쟁이 하나는 벽을 넘지 못한다. 그렇지만 담쟁이 수십 개가 모이면 벽을 넘는다. 학습 부진의 벽을 넘기 위해 다양한 전략을 응용해보고, 목표를 중·단기 계획으로 나누어 지도해보기 바란다.

일주일 분량의 셀프 학습 체크리스트

	내가 해야 할 일	공부한 시간	선생님 확인
월	구구단 8단 외우기	오후 4시 00분 ~ 4시 20분	◎ ○ △
화	구구단 9단 외우기	시 분 ~ 시 분	◎ ○ △
수			◎ ○ △
목			◎ ○ △
금			◎ ○ △
반성	잊어버리지 말고 공부하기로 한 시간에는 꼭 공부해야겠다.		

스스로 점검하고 성장하게 하라

학습에 대한 습관이 아예 안 잡혀 있는 학생을 지도할 때 가장 효과적인 것은 매일 같은 분량을, 같은 장소에서 같은 시간만큼 반복하게 하는 것이다. 그러기 위해서는 플래너를 쓰는 것이 가장 지도하기 쉽고 빠른 방법이다. 교사는 학생이 실천했는지, 안 했는지 정도만 꾸준하게 확인하면 된다. 가정에서의 지도도 필요하기 때문에 반드시 가정에서 함께 협력해서 지도해줄 것을 미리 당부해두도록 하자.

교사가 확인할 때는 잘했으면 동그라미 2개, 보통이면 동그라미 1개, 노력이 필요한 경우는 세모로 표시한다. 반복해서 세모 표시가 많다면 실천을 하지 않는다는 뜻이므로 학생과 이야기를 충분히 나눠서 계획을 조정하거나 격려하는 식으로 지도해줘야 한다.

초등학생에게는 스스로 무언가를 해보는 힘과 습관을 길러줄 필요가 있다. 어렵고 복잡하게 생각하지 말고, 간단하고, 쉽고, 단순하게 한두 가지 영역으로 좁혀서 실천하도록 지도하는 것이 좋다.

화내지 않고 가르치는
15가지 수업 전략

교사는 천사도 아니고 로봇도 아니다. 화나고 소리치고 싶고 울고 싶은 순간도 많다. 수업에 관심이 없고 아무리 가르쳐도 진전이 없는 학생을 늘 웃으면서 지도하기란 어렵다. 게다가 학교에서 부진 학생을 지도하는 것 말고도 교사가 처리해야 할 업무는 매일 쌓인다. 경험에 의하면 부진 학생만 따로 지도하는 것이 가장 효과적이지만, 더 좋은 것은 수업 시간에 해결하는 것이다. 교사가 쉽게 가르치고, 학생은 쉽게 이해할 수 있다면 그것이야말로 가장 좋은 부진 학생 지도 방법이자 예방법이다.

평소 수업 시간에 부진 학생을 포함한 모든 학생에게 꾸준히 지도할 수 있는 다양한 학습 전략을 소개한다.

학습법1. 친구가 읽을 때는 속으로 따라 읽게 한다.

속으로 따라 읽게 하는 것만큼 좋은 읽기 방법도 없다. 수업 시간에 정기적으로 돌아가면서 읽기를 시켜 어느 학생이 어느 정도의 읽기 수준인지 파악한다. 모든 읽기 활동에서 다른 친구가 읽고 있을 때는 속으로 따라 읽게 하고, 저학년이나 부진 학생은 손가락으로 짚어가면서 읽게 한다. 손가락으로 짚어가면서 읽는 것은 아주 작은 행동이지만 산만함을 덜어주고, 다른 친구의 읽기 속도를 따라가기에 가장 좋은 방법이다.

학습법2. 문장을 완전하게 말하는 습관을 갖게 한다.

문장을 완전하게 구사하는 것은 중요한 습관이다. 특히 주어와 술어의 구분이 명확해야 하며, 반복적인 어미는 사용하지 않도록 지도한다. "제가요, 어제요, 집에 갔는데요"와 같은 문장을 구사하는 학생은 학습 수준 역시 높지 않다. 이 문장을 다시 정리해서 말하도록 교사가 다음과 같이 반복해서 질문한다.

교사: 어제 누가 집에 갔어?

학생: 저요.

교사: 정리해서 다시 말해볼까?

학생: 제가 집에 갔어요.

교사: 집에 언제 갔다고 했지?

학생: 어제요.

교사: 다시 정리해서 말해볼까?

학생: 제가 어제 집에 갔어요.

"어제 엄마가 맛있는 것 해줬다요."

저학년에서 쉽게 볼 수 있는 문장 사용의 예다. '—다'는 평어문의 어미고, '—요'는 높임말에 사용하는 어미다. 이것을 함께 사용하는 것은 높임말과 평어의 구분이 제대로 되지 않는 어린아이들에게서 자주 볼 수 있지만, 말하기 지도가 잘 되지 않으면 초등학생들에게서도 심심치 않게 볼 수 있다. 그러나 완전한 문장으로 답하도록 하면 아이들의 문장 구사 능력 역시 함께 향상된다.

학습법3. 숫자, 그림, 단어 등을 찾으면서 전략적으로 읽게 한다.

문장 안에서 단어 찾아보기, 숫자 찾아보기, 그림 찾아보기 등을 하게 한다. 이러한 전략적 읽기의 좋은 점은 학생들이 목적을 가지고 읽기 때문에 필요한 읽기 행위에 좀 더 집중할 수 있다는 것이다. 수업 시간에 필요한 핵심 단어에 ☆ 표시하기, 밑줄 긋기, 숫자 찾아가면서 읽기 등을 지도하고 중요하다고 생각되는 단어와 문장을 제대로 찾았는지 확인한다.

학습법4. 그림이나 만화로 배운 내용을 정리하게 한다.

배운 내용을 정리할 때 연필과 색연필, 사인펜 등으로 여러 색을 사용하여 표시하게 하고, 그림이나 만화 같은 학생들이 좋아하는 방법을 선택하게 한다.

학습법5. 수학 시간에 식과 풀이 과정을 공책에 정리하도록 한다.

수학에서 쉽게 식을 세우는 방법을 가르쳐준다. 보통 식을 세우기 위해서 꼭 필요한 단어는 '모두' '몇' '얼마나 더'와 같은 단어들인데, 이 단어에 □를 표시하게 한 다음 식을 세우게 한다. 답은 반드시 단위까지 기록하게 하고 이 과정을 공책에 정리하게 한다.

예를 들어 다음과 같은 수학 문제의 경우, 밑줄 친 부분에 □ 표시를 하게 한다. 그러면 중요한 숫자와 단어가 한눈에 보이기 때문에 식을 세우기가 훨씬 쉽다. 답을 쓸 때는 '개'와 같은 단위까지 반드시 적도록 지도한다.

[문제] 한 상자에 초콜릿이 3개 들어 있습니다. 이런 초콜릿 상자가 4개 있으면 초콜릿은 모두 몇 개일까요?

학습법6. 사칙 연산 문제를 모눈에 풀게 한다.

사칙 연산은 익숙해질 때까지 모눈에 문제를 풀면 자리와 자릿수를 이해하는 데 효과가 매우 좋다. 또한 받아 올림이나 받아 내림에서 반복되는 실수를 줄여주어 학생들이 사칙 연산을 직관적으로 이해하는 데 큰 도움을 준다.

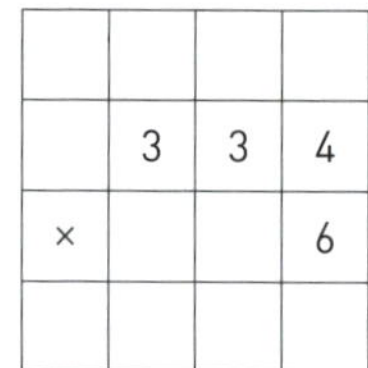

학습법7. 다양한 교구를 수업에 활용한다.

부진 학생들이 쉽게 조작할 수 있고 흥미를 높일 수 있는 다양한 수업 교구들을 교실에 구비한다. 도형 영역에서는 4D프레임 같은 교구를 활용하면 좋다. 또 마블러스 블록은 어느 학년에서나 학생들이 굉장히 좋아하는 창의성 신장 교구다. 이런 교구들은 수업에 활용하기 좋고 응용이 다양하다는 장점이 있는 대신 값이 비

싸기 때문에 클립, 바둑알, 나무젓가락, 이쑤시개, 단추, 자석, 스티커처럼 주변에서 쉽게 찾을 수 있는 자료들을 평소에 구비해두고 활용하면 좋다.

학습법8. 긴 글은 끊어서 읽고, 읽을 때 작은 활동을 곁들인다.

부진 학생들은 텍스트가 약간만 길어져도 집중력이 떨어진다. 텍스트가 길 때는 적당한 문단에서 나누어 이해를 확인한 후 다음 텍스트를 읽는 식으로 호흡 가다듬기가 필요하다. 번갈아가면서 읽기, 함께 읽기, 꼬리 잡아 읽기(시범독하는 친구가 틀리면 다른 친구가 나서서 읽기) 등으로 다양하게 읽기 방법을 활용해도 좋다. 그리고 학생들이 재미있어할 다양한 읽기 방법을 활용한다. 또한 텍스트를 읽을 때 줄 긋기, 형광펜으로 핵심 개념 표시하기, 4색 볼펜 사용하기 같은 작은 활동을 곁들이면 수업에 덜 지루하게 참여할 수 있다.

학습법9. 자음은 작게, 모음은 길고 크게 쓰도록 한다.

글씨를 잘 못 쓰는 학생이 있다면 글씨체 연습을 지도한다. 교과서의 글씨체는 읽기에 가장 쉽고, 썼을 때 가장 예쁜 글씨 모양이다. 요즘 유행하는 손글씨처럼 글자 모양이 □인 것보다는 교과서 글씨체처럼 △, ◇, ▷, ◁ 등으로 쓰는 것이 읽기에 좋다. 자음은 작게, 모음은 길고 크게 쓰도록 하여 글자의 자형을 먼저 잡고, 연필로 힘을 주어 천천히 쓰게 한다.

학습법10. 책상 위를 항상 정리하도록 지도한다.

정리정돈은 모든 학생에게 요구되는 기본 태도이지만, 주의가 쉽게 흐트러지는 학습 부진 학생들에게는 특히 더 필요하다. 책상 위에 잡동사니가 올라와 있으면 안 그래도 산만한 학생들은 주의가 더욱 흐트러질 수밖에 없다. 수업 집중도를 높이기 위해서 항상 주위를 깔끔하게 정리하는 습관을 기르도록 지도한다.

학습법11. 의욕을 꺾는 말 대신 의욕을 북돋는 말을 해준다.

"공부는 재미있는 거야. 안다는 건 즐거운 일이지"와 같이 내적 흥미와 동기를 유발하는 말을 자주 해준다. 또한 이런 말을 해주는 것만큼 중요한 것이 아이를 무시하거나 의욕을 꺾는 말을 함부로 하지 않아야 한다는 것이다. "그것도 못해?" "여태까지 못했던 이유를 알겠다" "그럴 줄 알았어" 같은 말은 학생의 의욕을 꺾는다. 그 누구보다도 먼저 교사가 따뜻하고 친절하게 학생을 돕고자 하는 마음을 전해주어야 한다.

학습법12. 배움 짝이 체크하도록 한다.

부진 학생 옆에 앉는 학생은 신중하게 고려해야 한다. 같이 산만해지기 쉬운 학생이나 장난을 칠 수 있는 학생보다는 꼼꼼하게 확인하고 공부를 도와줄 수 있는 학생이어야 한다. 하지만 이 배움 짝에게 모든 책임을 지우기보다는 어려운 부분을 도와주되, 스스로 해갈 수 있도록 교사가 함께 지도하는 것이 좋다.

학습법13. 셀프 학습 체크리스트 사용법을 지도한다.

학생 스스로 공부 계획을 세우고 이를 실천하게 하는 것처럼 자기 주도 학습의 역량을 기르는 방법은 없다. 일반 학생들도 어려운 일을 학습 부진 학생들이 하기는 더욱 어렵다. 따라서 학습 부진 학생에게는 학습 시간, 분량, 장소를 더욱 세부적으로 계획해서 접근하도록 지도한다.

학습법14. 가장 중요한 학습 부진 해결 방법은 무조건 '복습'이다.

반복적인 복습만이 부진에서 벗어날 수 있는 최선의 방법이다. 수업 시간에 할 수 있는 가장 좋은 부진 예방 방법은 수업 끝나기 5분 전에 일대일로 배운 내용을 체크하는 것이다. 일대일로 배운 내용을 짧게 체크하고 통과하지 못하는 학생만 쉬는 시간에 더 지도한다.

수업이 끝난 다음 간단한 확인을 통해서 특별히 부진한 학생은 쉬는 시간에 한 번 더 개별 복습을 시킨다. 그리고 수업 시작 전에는 반드시 지난 학습 내용을 복습하는 습관을 기르도록 한다.

학습법15. 그날 수업의 핵심 단어를 직접 골라보게 한다.

기억은 무수한 반복을 통해서 단기 기억에서 장기 기억으로 옮겨진다. 하지만 단순한 반복보다는 다양한 전략을 활용하면 더 효과적으로 기억할 수 있다. 가장 좋은 방법은 그림이나 마인드맵 같은 시각적 자료를 활용하는 것이다. 또 다른 방법은 학생들이 직접 중요한 내용을 선별하게 하는 것이다. 배운 내용 중에서 핵심 단어를 스스로 고르게 하면 자연스럽게 복습이 이루어지면서 기억에도 오래 남는다. 예를 들어 각자 중요한 단어를 5개씩 고르게 한 후, 모둠에서 토의를 통해 3개로 추린다. 마지막으로 전체 학급이 함께 최종 핵심 단어 5개를 선정하는 과정을 거친다.

예를 들어 청동기 시대에 대한 수업 후 다음과 같이 진행해볼 수 있다.

대화 예시

교사: 배운 내용 중 기억나는 것들을 10개 적어보세요.

학생: (고인돌, 청동기, 비파형 동검, 족장, 움집, 동굴, 사냥, 벼농사, 가축

등 각자 기억나는 모든 것들을 기록한다.)

교사: 적은 것들을 발표해볼까요? (학생의 모든 발표 내용을 칠판에 기록한다.) 다양한 것이 나왔네요. 이 중에서 청동기 시대를 가장 잘 나타내는 중요한 단어 3개만 골라보겠습니다. 각자 가장 중요하다고 생각되는 것을 체크해보세요. 그런 다음 모둠별로 토의해서 가장 중요한 단어 3개를 정해보세요.

학생: (모둠 활동을 통해서 세 단어를 고른다.)

교사: 각 모둠에서 많이 나온 의견을 종합하여 최종 핵심 단어 5개를 선정해봅시다. (최종 선정한 핵심 단어는 판서로 다시 정리한다.)

배운 내용을 이런 식으로 정리하면 학생들은 한 번 더 기억할 수 있고, 능동적인 참여로 이어지기 때문에 전체적인 학습을 점검할 수 있다. 교사에게도 학생에게도 반드시 필요한 부분이라고 할 수 있다.

PART

4

베테랑 교사의
수업 장악 노하우 6가지

최소한의
수업 규칙 정하기

학기 초에 수업 시간에 지켜야 할 약속들을 정해야 한다고 들었습니다.
그런데 구체적으로 어떤 걸 약속해야 하는지 잘 모르겠어요.

수업 시간에 해야 하는 가장 중요한 일은 수업에 집중하는 것이다. 학생은 수업 시간에 교사가 지시하는 말과 설명에 주의 깊게 따르고, 친구들과 주제에 대해 이야기하고, 필요한 때에 필요한 행동을 하는 등 다양한 상황에서 교사의 요구에 따라 행동해야 한다.

학생들 가운데는 교사의 제재에도 불구하고 제멋대로 행동하는 경우도 많다. 교사가 단호해야 하는 순간이 바로 이런 때이다. 해서는 안 되는 행동에 대해서는 하지 못하도록 지도해야 한다. 옆 친구를 괴롭히는 학생을 그대로 내버려두면 괴롭히는 학생과 괴롭힘을 당하는 학생 모두 제대로 수업을 할 수 없다. 이런 학생은 더 이상 나쁜 행동을 할 수 없도록 지도해야 한다. 이런 것들은 수업 중 지켜야 하는 약속으로 모든 학생이 사전에 미리 인지하고 있어야 한다.

그러기 위해 학기 초 수업 시간에 지켜야 할 약속을 미리 정해놓는 것이 좋다. 그중에는 수업 시간에 돌아다니지 않기, 연필 깎으러 다니지 않기, 특별한 일 아니면 화장실은 쉬는 시간에 가기, 수업 시작 2분 전에 앉기와 같은 자잘한 약속이 모두 포함되어 있어야 한다. 이 부분에 대해서는 평소에 학생들에게 충분히 설명해주고, 모두가 다 외울 때까지 교실 한쪽 벽에 규칙을 게시해놓고 틈날 때마다 인지시켜야 한다.

수업 시간에 지켜야 할 약속은 크게 다음 3가지로 나눌 수 있다.

- 다른 친구 수업 방해하지 않기
- 수업에 열심히 참여하기
- 자기 행동에 책임지기

다른 친구를 귀찮게 하는 것은 친구의 수업을 방해하는 행동이다. 짝에게 장난을 치는 것이나 말을 거는 것 역시 마찬가지다. 이런 행동은 교사의 지도와 상담이 뒤따라야 한다. 수업 시간에 무임승차를 하거나 소극적인 태도로 가만히 앉아서 다른 친구들의 활동을 보고만 있는 것은 두 번째 약속인 수업에 열심히 참여하기의 약속을 지키지 않는 것이다.

마지막으로 이런 행동을 해놓고도 아무렇지 않게 교사의 지시를 따르지 않는 것은 세 번째 약속을 어기는 셈이다. 따라서 사전에 이와 같은 행동 규칙에 대해 충분히 지도하고, 자신의 행동에 어떻게 책임을 져야 하는지에 대해서도 사전에 지도하도록 한다.

학생들은 어떻게 행동해야 하는지를 교사가 지도해주길 바란다. 교사가 학생들에게 명확하고 구체적으로 바람직한 행동에 대해 설명해주지 않고 학생들이 알아서 잘해주기만을 바란다면 그것은 옳지 않다. 지도란 학생들이 어떤 식으로 행동해야 하는지 교사가 명확하고 구체적인 예를 들어 설명해주는 것이다. 충분한 설명과 예시를 통해 학생들이 어떤 행동을 해야 할지 이해하고 실천하는 것이야말로 교사가 수업을 즐겁게 할 수 있는 바탕이 된다.

교사가 말을 멈추면 아이들이 집중한다

수업 시간에 아이들이 가장 빨리 조용해지는 방법은 교사가 말을 멈추는 것이다. 교사가 하던 말을 멈춘 상태로 말없이 기다리면 학생들이 서서히 조용해진다. 나는 이것을 침묵 신호라고 부르는데, 침묵 신호는 바로 이 상태로 아이들이 조용해지길 기다리는 것이다. 침묵 신호를 가르쳐주면, 연못에 돌을 던지면 동심원을 그리며 파동이 번져가듯이 수십 명의 학생들을 단 몇 초 만에 침묵하게 만들 수 있다.

침묵 신호는 협동 학습뿐 아니라 모든 수업에서 쓸 수 있는 가장 간단하고 강력한 신호다. 학생 수가 많을수록 교사가 학생들의 주의를 집중시키기 위해 자주 목소리를 높이지만, 침묵 신호를 가르쳐주면 모든 학생을 10초 안에 집중시킬 수 있다.

침묵 신호 사용 예시

교사: (입에 왼손 검지를 갖다 댄 상태에서 말을 멈추고 주변을 둘러본다.)

학생1: (교사의 침묵 신호를 가장 먼저 본 학생이 침묵 신호를 따라 한다. 왼손으로 침묵 신호를 표시한 다음, 오른손으로는 다른 학생을 살짝 건드려서 침묵 신호를 보여준다.)

학생2: (침묵 신호를 따라 하고 아직 보지 못한 다른 학생에게 침묵 신호를 알린다.)

교사: (말없이 그대로 멈춰 서서 전체 학생들이 교사의 침묵 신호를 따라 할 때까지 기다린다.)

완전한 문장으로
말하게 하기

학생들은 지도하지 않으면 말끝을 얼버무리는 식으로 말하기 쉽다. 논리적인 사고를 충분히 갖추지 못한 경우에 특히 그러하다. 저학년에서 이런 학생을 자주 볼 수 있으며, 고학년에서도 논리적인 사고를 충분히 하지 못하는 학생들은 끝을 얼버무리는 식으로 답한다.

이때 문장의 끝까지 정확하게 표현할 수 있도록 '완전한 문장으로 말하기' 지도를 추천한다. 발표할 때는 항상 '왜냐하면 ~이라고 생각하기 때문이다'라고 말하도록 가르친다. 완전한 문장으로 말하기를 지도하다 보면 학생들의 의사 표현이 생각보다 빨리 좋아지는 것을 느낄 수 있다.

다음은 '진정한 용기'에 대해 배우는 6학년 도덕 수업이다. 평소 학급의 주먹 대장인 현진이의 행동을 새로 전학 온 지수가 나서서 지적하다가 싸움이 난 장면에서 진정한 용기가 무엇인지 생각해보는 것이 수업의 주제다.

교사: 오늘 전학 온 지수가 현진이와 어떤 것으로 말다툼이 있었나요?

학생: 현진이가 끼어들었어요. (학생들은 대부분 이처럼 불완전한 문장으로 대답한다.)

교사: 현진이가 누구 앞에 끼어들었지요? (완전한 문장으로 답할 때까지 반복해서 묻는다.)

학생: 현진이가 지수 앞에 끼어들었어요.

교사: 현진이는 지수 앞에 왜 끼어들었을까요?

학생: 먼저 밥을 먹으려고요. (주어, 목적어, 술어가 분명해야 한다.)

교사: 아, 그렇구나. 그러면 이제 이 상황을 정리해서 다시 얘기해볼까요?

학생: 현진이가 밥을 먼저 먹으려고 지수 앞에 끼어들었어요.

교사: 그래서 어떤 일이 벌어졌지요?

학생: 현진이가 밥을 먼저 먹으려고 지수 앞에 끼어들었기 때문에 지수가 화가 났어요. (이것이 바로 완전한 문장이다.)

수업 시간은 물론이고 평소 토의 시간에도 끝까지 정확하게 말하도록 지도해야 하는데, 교사가 몇 번이고 완전한 문장이 나올 때까지 거듭해서 물어봐야 하고, 완전한 문장으로 대답할 수 있을 때까지는 질문을 포기해서는 안 된다. 또한 학생들에게 평가의 답을 적을 때에도 완전한 문장으로 답하도록 지도하는 것이 좋다.

일부 학생들 중에는 '—요'를 붙여가면서 발표하는 경우도 있다. "현진이가요. 지수하고요. 싸웠는데요. 지수가 화가 났어요. 그래서요"처럼 말하는 것이다. 중간에 어미 '—요'가 자주 들어가기 때문에 듣는 이가 무슨 말인지 알아듣기 힘들다.

말이라는 것은 상대와 내가 같은 뜻을 가지고 주고받아야 하는 것이지, 나만 이해하고 말하는 것이어서는 안 된다. 따라서 상대가 이해할 수 있는 말, 이해할 수 있는 언어를 사용해야 한다는 것을 반드시 주지시켜야 한다. 어미 '—요'를 자주 사용하는 학생의 경우도 몇 번이고 다시 말하도록 해서 천천히 생각하면서 문장을 구사할 수 있도록 지도한다.

모둠 활동을 위한
핵심 역량

모둠 활동을 하라고 하면 소란스럽기만 하고,
아무것도 제대로 되지 않습니다. 토의는커녕 떠들거나
그냥 있다가 친구 걸 베껴 쓰는 학생도 많습니다.
어떻게 해야 제대로 된 모둠 활동을 할 수 있을까요?

혼자보다는 둘이 낫고, 둘보다는 셋이 낫다는 말이 있다. 요즘은 수업에서도 더 나은 문제 해결을 위해 집단 지성을 요구하고, 협력 학습과 협동 학습, 토의와 토론 수업 등 여럿이 함께 사고하는 과정을 통해 문제를 해결하는 수업을 강조하고 있다.

학생들은 여럿의 생각을 공유하고 함께 토의하는 활동을 통해 기본적인 문제 해결 방법을 배운다. 또한 토의를 통해 개인의 사고를 공유하고 좀 더 나은 해결 방법을 찾아내는 집단 사고의 과정을 배울 수 있다. 그런데 막상 수업에 들어가보면 모둠 활동이 제대로 되지 않는 경우가 많다.

원활한 모둠 활동을 위해서는 먼저 모둠도 작은 사회 집단이라는 것을 염두에 두고 작은 부분까지 모둠 구성원의 역할을 나누는 것부터 시작해야 한다. 학생들은 어떤 일을 맡아도 능숙하게 해낼 수 있도록 역할별 하는 일을 알고 있어야 하고, 이런 부분에 대해서는 세세하게 지도해야 한다.

학기 초에 이 부분을 꼼꼼하게 지도하는 것이 좋고, 정착될 때까지 매일 시간을 정해놓고 한 모둠씩 따로 지도하는 게 효과적이다. 이때 토의를 진행하는 방법과 절차, 역할 분담 내용 및 역할, 주제에 따른 토의 방법, 의견이 상충될 때 조정하는 방법 등을 집중적으로 가르친다. 이를 작은 카드로 만들어 책상에 붙여놓거나 학급 게시판에 게시하는 등 학생들의 눈에 잘 띄어 학급의 모든 아이가 완벽하게 기억할 정도로 꾸준히 지도해야 한다.

수업 중에 교사가 직접 학생 한 명 한 명에게 자료를 나눠준다든가, 불필요한 간섭으로 수업을 중단시키는 행동은 좋지 않다. 교사는 학생의 역할을 조직적이고 체계적으로 활용하여 수업의 효율성을 높이고 학생들이 활동하고 생각하는 시간을 최대로 확보해주어야 한다.

토의가 익숙해지기 위해서는 수업 시간에 친구들과 자주 모둠에서 의견을 주고받도록 지도하는 것이 특히 중요하다. 학습 문제와 관련된 토의 주제를 아이들이 직접 찾아보게 하고 이를 토의를 통해 해결하도록 지도한다.

토의를 쉽게 지도하는 법

지도법1. 모둠에서 기본 역할을 나눈다.

- **이끔이**: 모둠 토의를 이끌고 회의를 주재한다.

- **나눔이**: 학습지와 기본 자료를 분배한다.

- **기록이**: 토의 내용을 기록하고 정리한다.

- **깔끔이**: 활동 중간이나 활동 후 주변을 정리한다.

- **칭찬이**: 친구의 의견을 주의 깊게 듣고 칭찬해준다.

- **시간 지킴이**: 토의 시간을 체크하고 독려한다.

위와 같이 평소 학급의 성격이나 특성에 맞는 다양한 역할을 학생들과 정해놓는다. 모둠원이 4인일 경우는 이끔이, 나눔이, 기록이, 깔끔이 정도로 역할을 나눈다. 기본적인 역할을 학생들이 충분히 이해한 다음에는 자리 배치에 따라 1, 2, 3, 4번 정도로만 정해도 된다. 학생들이 필요한 역할을 즉석에서 정해 활동할 수 있게 되면 수업에 융통성을 좀 더 확보할 수 있다. 역할을 따로 정해놓지 않아도 아이들끼리 융통성 있게 즉석에서 역할을 나누어 활동할 수도 있다. 하지만 이렇게 되기까지는 학생들이 기본적인 역할

롤 수행할 수 있어야 하고 토의에도 충분히 익숙해져야 한다.

지도법2. 기본 역할에 따른 하는 일을 명확하게 인지시킨다.

각자 어떤 일을 하는지 학생들이 명확하게 알 수 있도록 역할을 다양하게 바꾸어가면서 토의에 참여하게 한다. 저학년의 경우에는 역할 카드를 책상에 붙여주면 좀 더 이해가 쉽다.

지도법3. 토의거리를 찾아보게 한다.

토의를 지도하기 위해서는 문제를 주고 해결하는 방법을 찾게 하는 것이 가장 좋다. 모든 과목에서 토의거리를 찾아낼 수 있도록 수업 시간에 학습 문제를 찾아보고 학습 활동을 정하도록 지도한다. 이런 활동을 꾸준히 하다 보면 아이들이 토의거리를 찾는 것도 쉬워진다.

지도법4. 주제에 맞게 이야기하는 방법을 지도한다.

아이들이 토의 시간에 주제에 맞는 말만 하는 것도 쉬운 일은 아니다. 쓸데없는 이야기를 해서 주제에서 벗어나면 이끔이가 이를 제지해야 한다. 이때 친구의 기분이 상하지 않게 "좋아, 그러면 이번에는 시간이 없으니까 넘어가고 다음에 그 이야기를 이어서 듣도록 하자"와 같이 말하는 법을 알려줘야 한다.

지도법5. 토의의 목적을 분명히 한다.

간혹 토의거리가 없는데도 토의를 하는 경우가 있다. 2명이 해결할 문제를 4명이 해결하게 하는 것은 효율적이지 못하다. 경우에 따라서 여러 명이 해결해야 하는 문제가 있고, 둘이 해결해야 하는 문제가 있고, 혼자서 해결해야 하는 문제가 있다.

내용에 따라서는 모둠 활동 없이 전체-개별 활동이 있을 수 있고, 개별 활동으로만 진행될 수도 있다. 주제에 맞게 수업을 설계해야 하며, 모둠 활동이 굳이 필요 없는 주제는 과감하게 모둠 활동을 생략할 수도 있다.

지도법6. 토의의 기본 표현을 가르쳐준다.

토의에서 기본적으로 꼭 사용하는 표현이 있다. 내 생각을 밝힐 때, 친구의 의견에 동조하거나 반대할 때 그리고 보충 의견을 낼 때 등이다. 특히 동의할 때나 반대할 때는 반드시 그 이유를 밝히도록 한다.

① 자기 생각과 그 이유를 밝히는 표현

"나는 ~에 대해 이렇게 생각해. 왜냐하면 ~이기 때문이야."

② 친구 의견에 동의하는 표현

다른 친구의 의견에 동의할 경우 "나는 ○○이 의견에 동의해. 왜냐하면 ~라고 생각하기 때문이야"와 같이 표현하도록 한다. 뒤에 이유를 붙이지 않으면 다른 사람의 의견에 단순히 동조하기만 하게 될 수 있기 때문이다.

③ 친구의 의견에 반론을 제시하는 표현

"○○이의 의견은 이해하지만 나는 그렇지 않다고 생각해. 왜냐하면 ~이기 때문이야."

④ 친구 의견에 보충 의견을 내는 표현

"○○이의 의견에 보충할게."

수업의 질을 높이는
섬세한 지도법

수업 중 어떤 부분에서 개입하고 어떤 부분에서 지켜봐야 하는지
잘 모르겠습니다. 학습하는 도중 교사가 개입해야 하는 때가
언제인지 가르쳐주세요.

학생들이 개별 활동에 집중해 있을 때 교사가 개입하면 학습의 흐름을 끊게 된다. 일부 학생의 오류를 다른 학생이 함께 공유할 필요가 있을 때 짧고 신속하게 개입하고, 그 외의 상황에서는 개별적으로 순회하면서 지도하는 것이 좋다.

학생들이 수업에 한창 집중해 있을 때는 설사 교사가 보기에 개별 활동이 전혀 엉뚱한 방향으로 가고 있다고 해도 어느 정도 기다려야 한다. 학생 대부분이 수업 내용을 이해하지 못하거나 전혀 교사의 의도와 맞지 않은 활동을 할 때는 신속하고 짧게 개입을 끝내고 학생들이 활동을 다시 전개해갈 수 있게 해야 한다.

또한 활동을 중단시켰을 때는 모든 학생이 교사의 지도에 집중해야 교사가 활동에 개입하는 의미가 있다. 학생들은 하던 활동을 계속하고 있고, 교사는 교사대로 지시하고 있다면 학생에게 교사의 지시는 온전히 전달되지 않고 겉돈다. 따라서 모든 학생이 교사에게 집중한 상태로 활동을 멈추고 교사의 지시에 따르도록 한다.

교실 순회는 왜 할까?

교사의 교실 순회는 의도적이고 목적이 있는 행위여야 한다. 이유 없이 교실을 돌아다니는 것은 오히려 학생들의 집중을 흐트러뜨릴 수 있다. 교사가 교실을 순회하는 것은 주로 학습을 잘 따라오지 못하는 학생이나 부진 학생의 학습 상황을 점검하는 등 특별히 주의가 더 필요한 학생들을 살펴보고 이 학생들이 수업을 잘 따라오고 있는지 체크하기 위해서다.

교실을 순회할 때는 다음과 같은 사항을 주로 살핀다.

- **확인**: 교사를 바라보기에 적절한 위치에 학생의 자리가 배치되어 있는가.
- **점검**: 학습의 흐름을 따라가지 못하는 학생이 많지는 않은가.
- **감독**: 책상 위에 수업과 관련 없는 준비물이나 장난감이 있어

서 학생의 수업 참여도가 떨어지진 않는가.

- **안내**: 평소 학습 속도가 떨어지는 학생의 학습을 돕는다.

- **추가 지도**: 속도가 빠른 학생에게는 다른 심화 과제를 부여하거나, 다른 학생을 돕게 하거나, 수업과 관련된 다른 선택 과제를 제시한다.

수업의 성패를 좌우하는
학습의 열쇠

시험을 보는데 아이들이 질문 자체를 이해하지 못합니다.
수업 시간에 분명히 배운 내용인데도 아이들이 질문하는 걸 보면
제대로 가르치지 않은 것 같아 우울합니다.

"다음에서 직업의 특성에 따라 바르게 분류한 것을 고르시오."

직업의 분류 기준을 아는지 평가하기 위해 이런 문제를 내면 아이들 중 하나는 꼭 이렇게 물어본다.

"선생님, '특성'이 뭐예요? '분류'는 뭐예요?"

이런 질문을 받으면 교사 입장에선 "뭐야, 그럼 특성이란 말도 몰라?"라는 말이 저절로 튀어나온다. 그런데 특성, 분류, 직업, 모두가 아이들에게는 생소한 단어일 수 있다. 이런 까닭에 수업 시간에 꼭 지도해야 하는 것이 바로 개념어이다.

아이들의 학습 과정은 이미 경험한 것과 알고 있는 기본 지식을

바탕으로 새로운 지식을 구성해가는 방식이다. 따라서 새롭게 등장하는 개념어들을 모두 짚어 설명하고 가르쳐야 그 위에 다른 지식들이 차곡차곡 쌓인다. 개념어를 이해하지 않은 채 수업이 진행되면 앞서 배운 내용까지 뒤죽박죽 뒤섞여버린다. 아이들 입장에선 뭐가 뭔지 모르는 채로 계속 수업을 듣게 되는 셈이다.

이렇게 되면 그 수업은 이미 절반은 실패한 것이나 다름없다. 이해하지 못하는 기본 개념이 누적되면 수업의 목표 도달도는 급격히 떨어지기 때문이다. 모르는 단어투성이인 상황에서는 아무리 재미있는 수업도 결국 생소한 외계어가 되고 만다.

단어 하나가 수업 전체를 좌우한다

가장 대표적인 예가 바로 역사적 사실을 이해하고 전체적인 흐름을 꿰고 있어야 하는 5학년 사회 수업이다. 학생들이 제대로 이해하지 못하고 역사 속을 헤매게 되는 것은 대부분 이런 개념어 이해에 문제가 있기 때문이다.

근대화 과정에 대해 배우고 있는 아이들에게 '근대화'가 무엇인지 물어보면 정확하게 모르는 경우가 굉장히 많다. '근대화' 과정은 순서대로 외우면서 정작 '근대화'가 무엇인지 모르는 상황인 것이다. '척화'가 무엇을 뜻하는지 알지 못한다면 당연히 척화의 의지를 다지기 위해 세운 '척화비'는 뜬구름 속의 이야기가 되고 만다.

홍선 대원군이라는 단어에서 '대원군'은 왕이 아닌 평범한 사람이 왕의 아버지가 된 것을 뜻한다. 조선 역사에 없는 매우 특별한 사례다. 이 역시 아이들이 대원군이라는 말을 통해 알아야 하는 부분이다. 게다가 이 개념어를 이해하면 고종이 왕이 된 과정과 대원군이 당시에 얼마나 영향이 컸는지도 자연스럽게 배울 수 있다. 즉, '대원군'이라는 단어를 정확하게 아는 것만으로도 학생들이 배울 수 있는 지식의 폭이 매우 넓어진다는 뜻이다.

개념어를 정확하게 지도해야 하는 과목은 역사뿐만이 아니다. 개념과는 별 상관없어 보이는 국어나 수학 역시 마찬가지다. 감상이 무엇인지, 분수가 무엇인지, 그 개념을 이해하지 못한 학생에게 문제를 해결하기 위한 창의적 사고 능력을 요구하는 것은 말이 되지 않는다. 또한 개념어의 기본적인 뜻을 반드시 먼저 지도하되, 거기에 그치지 않고 실생활 속에서 개념어가 어떻게 응용되는지도 함께 가르쳐야 한다. 이를 위해 수업 중에 교과서 속 개념어를 찾아보고, 그 의미를 함께 토의해보고 정의하는 과정을 반드시 거치도록 한다.

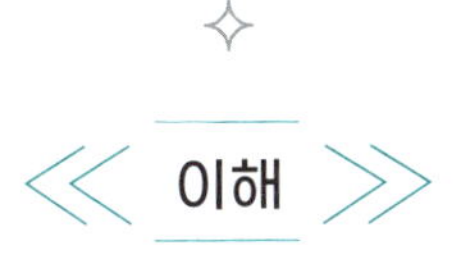

학생을 있는 그대로 받아들이자

열정적으로 많은 것을 가르쳐주고 싶은데,
정작 아이들은 너무 소극적입니다.
그래서 처음에 가졌던 의욕이 자꾸 꺾여요.
어떻게 극복할 수 있을까요?

교사는 아이보다 반 발자국만 앞서가면 된다. 어느 수업이든 아이와 보조를 맞추기 위해서는 한 발자국이 아닌 반 발자국만 앞서가야 한다. 아이를 있는 그대로 인정해주기 위해 노력하다 보면 아이를 교사의 틀에 맞추려는 욕심을 버릴 수 있다.

어떤 아이는 놀면서 대충 해도 잘하는 것 같은데, 어떤 아이는 잘하는 것이 하나도 없다. 어떤 날은 아이들의 의욕이 지나치게 낮기도 하고, 기대하지 않았는데 의욕이 충만해 있기도 한다.

수업에는 이렇듯 변수가 넘쳐난다. 교실은 어제와 오늘이 다르고, 오늘과 내일이 다른 곳이다. 교사가 못 느낄 뿐 매일 성장과 배움이 일어나는 장이기 때문이다. 단, 끝까지 지치지 않기 위해서 중요한 것은 학생을 이해하는 마음이 열정보다 앞에 있어야 한다는 것이다. 학생을 있는 그대로 받아들이고 인정하는 마음이 열정보다 앞설 때 교사는 학생을 가장 편안한 상태로 만들어줄 수 있다. 이럴 때에서야 비로소 학생들도 최고의 성장을 보여준다.

아이들은 교사가 생각하는 것보다 못할 수 있다. 교사가 기대하는 것에 훨씬 못 미칠 수도 있다. 하지만 아이들이기 때문에 그래도 괜찮다. 아이들이니까, 실패하고 또 실패한다. 수없이 실수하고, 엄청난 사고도 치고, 때로는 돌발 행동도 하고, 말도 안 되는 엉뚱한 소리를 한다.

아이들이니까 가르친 것에 비해 결과물이 초라할 수 있고, 아이들이니까 모둠 활동을 하다가 싸울 수 있다. 가르친 것에 비하면 너무나 형편없는 보고서를 만들어내고도 잘했다고 큰소리치기도 하고, 교사가 열심히 준비해온 수업 준비물을 한순간에 부수기도 한다.

그런데 우리 어른들도 가끔은 노력한 것에 비해 형편없는 결과를 받지 않는가. 세상이 항상 노력한 만큼의 결과를 보여주진 않는다는 것을 우리들은 이미 알고 있다. 그런데 아이들은 오죽할까. 아이들은 더욱 그렇다. 아이들은 더 자주 실수하고, 더 자주 실패하고, 같은 잘못을 되풀이한다. 그리고 그 과정에서 성장한다.

아이들이 교사가 의도하는 것만큼 해내지 못한다고 해서 교사가 좌절할 필요는 없다. 교사는 아이들에게 열심히 해야 하는 이유를 몸으로 보여주고, 아이들로 하여금 도전하는 용기를 갖게 해주면 된다. 아이들에게 수업 시간에 틀려도 되는 이유를 가르쳐주고, 실패하는 것이 부끄럽지 않은 까닭을 설명해주면 된다.

정말 신경 써야 할 아이는 따로 있다

자주 틀리는 아이는 칭찬해주어야 한다. 틀렸다는 것은 도전했다는 뜻이다. 틀린 아이에게는 자신 있게 다음에 또 틀리라고 말해주면 된다. "다음에는 더 잘할 거야. 너라면 잘할 수 있어"라고 말해주면 된다. 문제는 틀리지도 맞지도 않는 아이다. 이런 아이야말로 아무 존재감 없이 앉아 있다가 조용히 집에 가기 때문에 이 유형의 아이들이 자신 있게 도전하도록 해주는 것이야말로 열심히 수업하는 교사에겐 가장 큰 과제다. 오늘 나와 눈 한번 마주치지 않고 이름 한번 부르지 않고 보낸 아이가 있었는지 수업 일기에 적어보고, 내일은 아이의 이름을 꼭 한 번은 불러보자고 다짐해야 한다.

교사가 허용적인 태도로 온화하게 웃으면서 수업을 이끌어가면 이렇게 존재감이 적은 학생들조차 수업에 서서히 참여하게 되고,

느리지만 천천히 성장하는 것을 보여준다. 친구와 조금씩 이야기하게 되고, 교사에게 질문을 하기도 한다. 교사가 먼저 지치지만 않는다면 충분히 아이의 성장을 볼 수 있다.

결국 교사는 아이보다 반걸음만 앞서가면 된다. 수업에서 어떻게 하면 아이들이 즐거워할지 고민하되, 아이들에게 내 방식을 강요하지 않아야 한다. 그리고 아이들의 흥미를 이끌어낼 준비를 하되, 아이들이 내가 기대한 것만큼 잘 해내지 못해도, "우리 아이들과 함께 나는 새로운 것에 도전했다"라고 수업 일기에 적으면 된다.

그렇게 하나하나 꾸준히 쌓아가다 보면 아이들이 '그럴 수 있다'는 것을 이해하게 될 것이다. 이해하고 나면 아이들이 하는 말이나 행동, 교사로서 받아들이기 어려운 행동조차도 이해하게 되어 수업에서 보이는 낮은 성취나 의욕도 수용하게 되고, 더 나아가 어떻게 도울지 고민할 수 있다.

배움은 즐겁다는 기억을 심어주자

아이들이 공부를 왜 해야 하는지 알았으면 좋겠다는 새내기 교사의 이야기를 들었다. 공부를 잘하는 것이 대한민국 사회에서 어떤 의미를 갖는지 본인이 먼저 겪었기 때문이다. 그는 내가 가르치는 아이들이 공부를 잘하면 좋겠고, 공부에 욕심을 가졌으면 좋겠다고 말했다. 물론 옳은 말이다.

그러나 먼저 이해해야 할 것은 시기별로 공부에 대해 가져야 하는 생각이 다르다는 것이다. 초등학교에서는 습관을, 중학교에서는 의지를, 고등학교에서는 필요성을 배워야 하고, 대학교에선 본인이 정말 하고 싶은 공부를 해야 한다. 사회에 나와서는 다양한 분야에 꾸준히 관심을 갖고 배움의 끈을 놓지 않고 삶과 배움을 함께 영위해야 한다.

초등학교에서는 아이들이 올바른 공부 습관을 익히게 해주는 것이 가장 중요하다. 교과별로 가져야 하는 기본적인 지식을 탄탄하게 쌓기, 수업에 흥미를 갖고 꾸준히 참여하기, 다양한 수업 방법을 배우고 익히기, 배움이 재미있고 흥미로운 일이라는 것 깨닫기 등 수업에 즐겁게 참여하고, 체험과 경험을 많이 하며 공부가 재미있는 것임을 몸으로 먼저 느끼게 해야 한다.

아이들은 꾸준히 배우는 즐거움에 노출되어야 한다. 배우고 익히는 것이 즐겁다는 경험을 가진 아이는 공부를 통해 성장하고 발전해가는 즐거움을 깨닫게 되기 때문이다. 이런 아이들이라면 시간이 흘러 더 성장했을 때 어떤 공부를 해야 할지 스스로 결정할 수 있는 힘을 갖게 된다.

참고 문헌

＊《스토리텔링과 수업기술》, 사회평론아카데미, 박인기 외, 2013

교실에 바로 적용하는
수업의 기술

초판 1쇄 인쇄 2025년 12월 24일
초판 1쇄 발행 2026년 1월 15일

지은이 김성효
펴낸이 이경희

펴낸곳 빅피시
출판등록 2021년 4월 6일 제2021-000115호
주소 서울시 마포구 월드컵북로 402, KGIT 19층 1906호